北京大学经济学院 教授文库

京津冀协同发展

公共服务均等化与社保制度设计

Coordinated Development of the Beijing-Tianjin-Hebei Region

Equalization of Basic Public Services and Design of Social Insurance System

朱南军 等◆著

北京大学出版社
PEKING UNIVERSITY PRESS

图书在版编目(CIP)数据

京津冀协同发展:公共服务均等化与社保制度设计/朱南军等著. —北京:北京大学出版社,2023.11

(北京大学经济学院教授文库)

ISBN 978-7-301-34727-0

Ⅰ. ①京… Ⅱ. ①朱… Ⅲ. ①社会保险—经济发展—研究—华北地区 Ⅳ. ①F842.61

中国国家版本馆 CIP 数据核字(2024)第 002929 号

书　　名	京津冀协同发展：公共服务均等化与社保制度设计 JINGJINJI XIETONG FAZHAN: GONGGONG FUWU JUNDENGHUA YU SHEBAO ZHIDU SHEJI
著作责任者	朱南军 等 著
责任编辑	兰 慧
标准书号	ISBN 978-7-301-34727-0
出版发行	北京大学出版社
地　　址	北京市海淀区成府路 205 号 100871
网　　址	http://www.pup.cn
微信公众号	北京大学经管书苑（pupembook）
电子邮箱	编辑部 em@pup.cn 总编室 zpup@pup.cn
电　　话	邮购部 010-62752015 发行部 010-62750672 编辑部 010-62752926
印 刷 者	北京市科星印刷有限责任公司
经 销 者	新华书店
	720 毫米×1020 毫米 16 开本 12 印张 145 千字
	2023 年 11 月第 1 版 2023 年 11 月第 1 次印刷
定　　价	58.00 元

作者感谢2016年北京市社会科学基金研究基地项目“京津冀一体化社会保障问题研究”(项目批准号:16JDYJB003)对本研究的资助。

前　言

京津冀协同发展的理念由来已久。改革开放以后，1982年，《北京市城市建设总体规划方案》中首次提到了“首都圈”的概念，随后的几十年中这一概念不断得到探索与发展。2014年习近平总书记主持召开京津冀协同发展座谈会，将京津冀协同发展定位为国家战略，京津冀协同发展的方向正式确立。2014—2022年，京津冀三地的工业经济发展稳中有进，产业结构持续优化，协同发展水平不断提升，产业发展载体加速建设，新一代信息基础设施建设应用持续深入，京津冀三地在产业协同发展方面取得标志性成果。对于京津冀三地而言，协同发展不仅仅能够整体提升三地的经济、产业、文化、制度等多维度的发展水平，而且能够顺应历史的发展逻辑，打造共同发展城市圈，实现城市间的合作共赢。本书着眼于针对京津冀协同发展基础上三地公共服务均等化与社保制度设计进行论述，希望从历史的经验和现在的特点中提出京津冀三地未来发展的一些建议。

本书首先针对京津冀协同发展战略和社保协同发展的基本情况进行了梳理，介绍了京津冀协同发展和社保协同发展的产生历程、目标和发展现状；其次，整理了京津冀基本养老保险和社会医疗保险协同发展的现状，对其发展阻滞因素进行分析；再次，针对国内外区域社保一体化发展的案例经验进行分析，从理论和实践上为京津冀社保协同发展提供指引；复次，从基本公共服务均等化的角度阐述社会保险服务的均等化路径；最后，从制度的层面为京津冀社会保险协同发展提供顶层制度的设计思路。

本书是集体智慧的结晶，参与本书立项、研究和撰写工作的有北京大学经济学院朱南军教授、张辉教授，吴诚卓同学、王心怡同学、张士奇同学、吴鹿其同学和刘灿同学，本书的完成离不开各位的辛苦付出！此外，还要感谢北京市社会科学基金研究基地项目的大力支持。最后，特别感谢北京大学出版社的支持，让本书能够顺利出版问世；尤其是本书编辑兰慧女士的细心编辑，让本书内容能够更加精确、更加完善。

朱南军

2023 年 1 月

目　　录

第一章　京津冀协同发展战略和社保协同发展基本情况

第一节　京津冀协同发展战略

一、京津冀协同发展战略的产生

京津冀地区包括两市一省，相互间地理位置毗邻，整体位于环渤海心脏地带，面积为21.8万平方公里，占全国总面积的2.3%，截至2018年年底区域内常住人口为11 270万人，占当年全国总人口的8%。河北省环绕着北京市和天津市，形成唇齿之状，互相依存。从历史的角度来看，早在北京成为都城时，以北京为核心、天津和河北为辐射范围的地区便已经形成协作整体。河北的保定为传统的京畿重地，也是历史上重要的军事和政治中心，承德曾是清朝皇帝的夏宫，实际上也是政治中心之一；至于天津，其作为北京的出海口，是北方重要的港口城市，在历史上也为北京的重要门户。

1981年，我国成立了第一个区域经济合作组织——华北经济技术协作区。1982年《北京城市建设总体规划方案》中首次提到了“首都圈”的概念，随后进行了首都圈的规划。1986年在时任天津市市长李瑞环的倡导下，环渤海地区15个城市共同发起成立的环渤海地区经济联合市长联席会，被认为是京津冀地区最正式的区域合作机制。2004年达成的“廊坊共识”，决定了京津冀都市圈在基础设施建设、资源、环境方面展开合作，并引导区域内行业和企业间的经贸、技术合作。2008年，京津冀三省市的发展改革委共同签署了《北京市天津市河北省发改委建立“促进京津冀都市圈发展协调沟通机制”的意见》。2010年《京津冀都市圈区域规划》上报国务院，区域规划按照“8＋2”的模式制定：包括河北的石家庄、秦皇岛、唐山、廊坊、保定、沧州、张家口、承德等8个地级市和北京、天津2个直辖市，区域发展规划开始初步编制。2011年国家“十二五”规划纲要提出“打造首都经济圈”。2014年，习近平总书记主持召开京津冀协同发展座谈会，对三地协作提出七点具体要求。2015年中共中央政治局研究通过了《京津冀协同发展规划纲要》，至此京津冀协同发展开始了加速落实阶段。2016年，《“十三五”时期京津冀国民经济和社会发展规划》印发实施，这是全国第一个跨省市的区域“十三五”规划，明确了京津冀地区未来五年的发展目标。在京津冀区域经济合作发展的过程中，区域协调发展和区域规划几经提起又几度沉寂，经历了“启动—徘徊—沉寂—重提—蹒跚—倒逼—催生复兴”的复杂演变过程，从国际上诸如东京都市圈、伦敦都市圈、巴黎大都市圈等著名都市圈的发展变迁历史来看，区域经济协同发展不是一个一蹴而就的过程，而是需要几代人的不懈努力与奋斗。多年来京津冀区域协同发展的思想不断深化，理论水平不断提升，区域之间的合作实践程度也不断深入，在这样一个过程中，京津冀协同发展战略开始走上正轨。

二、京津冀协同发展战略的目标

2015年3月23日，中央财经领导小组（现为中央财经委员会）第九次会议审议研究了《京津冀协同发展规划纲要》。2015年4月30日，中共中央政治局召开会议，审议通过《京津冀协同发展规划纲要》（以下简称《纲要》）。《纲要》中指出未来京津冀的定位分别是：北京为"全国政治中心、文化中心、国际交往中心、科技创新中心"；天津为"全国先进制造研发基地、北方国际航运核心区、金融创新运营示范区、改革开放先行区"；河北为"全国现代商贸物流重要基地、产业转型升级试验区、新型城镇化与城乡统筹示范区、京津冀生态环境支撑区"。

京津冀的整体定位为"以首都为核心的世界级城市群、区域整体协同发展改革引领区、全国创新驱动经济增长新引擎、生态修复环境改善示范区"。在空间布局上，整体的布局思路为"功能互补、区域联动、轴向集聚、节点支撑"，明确了以"一核、双城、三轴、四区、多节点"为骨架。"一核"即北京；"双城"即北京、天津；"三轴"即京津、京保石、京唐秦三个产业发展带和城镇聚集轴，这是支撑京津冀协同发展的主体框架；"四区"即中部核心功能区、东部滨海发展区、南部功能拓展区和西北部生态涵养区；"多节点"包括石家庄、唐山、保定、邯郸等区域性中心城市和张家口、承德、廊坊、秦皇岛、沧州、邢台、衡水等节点城市。

在功能疏解上，四类非首都职能将会被疏解。重点疏解一般性产业特别是高消耗产业，区域性物流基地、区域性专业市场等部分第三产业，部分教育、医疗、培训机构等社会公共服务功能，部分行政性、事业性服务机构和企业总部等四类非首都职能。其中短期目标为：到2017年，有序疏解北京非首都职能取得明显进展，在符合协同发展目标且现实急需、具备条件、取得共识的交通一体化、生态环境保护、产业升级转移等重点领域率先取得突破，深化改革、创新驱动、试点规范有序推进，协同发展取得显著成效。中期目标为：到2020年，北京市常住人口控制在2 300万人以内，北京“大城市病”等突出问题得到缓解；区域一体化交通网络基本形成，生态环境质量得到有效改善，产业联动发展取得重大进展，公共服务共建共享取得积极成效，协同发展机制有效运转，区域内发展差距趋于缩小，初步形成京津冀协同发展、互利共赢新局面。远期目标为：到2030年，首都核心功能更加优化，京津冀区域一体化格局基本形成，区域经济结构更加合理，生态环境质量总体良好，公共服务水平趋于均衡，成为有较强国际竞争力和影响力的重要区域，在引领和支撑全国经济社会发展中发挥更大作用。

2017年党的十九大报告中明确指出了“以疏解北京非首都功能为‘牛鼻子’推动京津冀协同发展，高起点规划、高标准建设雄安新区”。这是党中央在中国特色社会主义进入新时代所作出的重大决策部署，也是在新的历史起点上深入推进京津冀协同发展的动员令。时任北京市委书记蔡奇2017年11月20日在《人民日报》上撰文《推动京津冀协同发展》，在《京津冀协同发展规划纲要》的基础上指出了今后一个时期京津冀协同发展的目标任务为：

在集中疏解北京非首都职能的基础上，高水平规划建设北京市城市副中心，打造国际一流的和谐宜居之都示范区、新型城镇化示范区和京津冀区域协同发展示范区，到2035年承接北京中心城区40万—50万常住人口疏解。北京要把疏解功能与改善环境、控制人口、提升功能有机结合起来，深入开展疏解整治促提升，统筹腾退空间利用，推动老城重组，优化提升首都功能。

统筹推动重点工作持续突破。共建"轨道上的京津冀"，完善便捷畅通公路交通网，打造"一小时通勤圈"，构建现代化机场群、港口群，提升交通运输组织和服务现代化水平。建立一体化环境准入和退出机制，强化大气、水等环境污染联防联控联治，推动能源生产和消费革命，推进燕山-太行山生态安全屏障、京津保湿地生态过渡带、环首都国家公园等建设，扩大区域环境容量和生态空间。按照建设现代化经济体系的要求，深入推进供给侧结构性改革，理顺三省市产业发展链条，建设曹妃甸协同发展示范区、新机场临空经济区、张承生态功能区、滨海新区等战略合作和功能承接平台，打造立足区域、服务全国、辐射全球的优势产业集聚区。深化京津冀全面创新改革试验，推进北京建设具有全球影响力的全国科技创新中心，做好北京原始创新、天津研发转化、河北推广应用的衔接，集中力量支持河北雄安新区建设创新驱动发展引领区，形成协同创新共同体。推动金融、土地、技术和信息等要素市场一体化改革，完善行政管理协同、基础设施互联互通、生态环境保护联动、产业协同发展、科技创新协同等机制，打造区域体制机制高地。建立交界地区协同管理长效机制，统一规划、统一政策、统一管控。完善共建共享、协调集约的能源、水资源等基础设施体系，营造京畿特色、多元活力的文化体系，建设设施均衡、覆盖城乡的公共服务体系。落实京津两市对口帮扶河北张承保京津相关地区任务。

此外，高起点规划、高标准建设雄安新区。雄安新区是继深圳经济特区、上海浦东新区之后的又一个具有全国意义的新区，是以世界眼光、国际标准、中国特色、高点定位，坚持生态优先、绿色发展，坚持以人民为中心，注重保障和改善民生，坚持保护弘扬中华优秀传统文化、延续历史文脉的习近平新时代中国特色社会主义思想的重大实践。雄安新区将以建设绿色智慧新城、打造优美生态环境、发展高端高新产业、提供优质公共服务、构建快捷高效交通网、推进体制机制改革、扩大全方位对外开放等七大重点任务为核心的发展战略打造。

三、京津冀协同发展战略现状

2014 年以来，京津冀三地在认真贯彻落实中央推进京津冀协同发展战略部署，统筹全局、重点突破，在产业分工与转移、生态环境保护、交通一体化、金融服务创新等方面取得了积极的进展，实现了京津冀协同发展的良好开局。

（一）产业分工与转移

2011—2016 年，京津冀地区第一产业的总产值和增加值基本呈上升趋势（见表 1-1）。其中 2016 年第一产业总产值为 6 916.4 亿元，增加值达到 3 842.8 亿元，比 2010 年分别增长 39.59%、

35.74%。而就京津冀整体第一产业总产值和增加值占全国比重而言，2010—2016年占比总体呈下降趋势，年降幅基本超过0.1个百分点。

表1-1　2010—2016年京津冀第一产业总产值、增加值及其占全国比重

年份	总产值（亿元）	增加值（亿元）	产值占比（%）	增加值占比（%）
2010	4954.8	2831.1	7.1	7.2
2011	5608.5	3199.9	6.9	6.9
2012	6111.4	3506.4	6.8	6.9
2013	6667.1	3730.2	6.9	6.7
2014	6856.6	3808.0	6.7	6.5
2015	6814.5	3788.0	6.4	6.2
2016	6916.4	3842.8	6.2	6.0

资料来源：《北京统计年鉴2017》《天津统计年鉴2017》《河北经济年鉴2017》。

从第一产业的贡献值来看，京津冀地区比例低于全国总体水平，三地之间的第一产业比例也存在较大差异，河北作为全国粮食主产区，第一产业总产值占到了京津冀地区的90%以上，天津和北京由于经济发展水平较高并且产业层次较高，第一产业对自身的贡献率不足1%。这也是分工的必然结果。

如表1-2所示，京津冀地区第二产业增加值逐年增加，仅北京2014年、天津2015年和2016年、河北2015年略有下降。2018年，京津冀地区第二产业总产值达到29297.52亿元，占全国的8%。整体来看，京津冀地区第二产业增加值占全国的比重自2013年以后整体下降，这与该地区产业结构转型调整有关。

表 1-2 2010—2018 年京津冀第二产业增加值及其占全国比重

年份	北京（亿元）	天津（亿元）	河北（亿元）	全国（亿元）	京津冀占比（%）
2010	3 388.38	4 840.23	10 707.68	191 629.80	9.88
2011	3 752.48	5 928.32	13 126.86	227 038.80	10.05
2012	4 059.27	6 663.82	14 003.57	244 643.30	10.11
2013	4 542.64	7 275.45	14 781.85	261 956.10	10.15
2014	4 292.56	7 731.85	15 012.85	277 571.80	9.74
2015	4 544.80	7 704.22	14 386.87	282 040.30	9.44
2016	4 944.44	7 571.35	15 256.93	296 547.70	9.37
2017	5 326.76	7 593.59	15 846.21	332 742.70	8.65
2018	5 647.65	7 609.81	16 040.06	366 000.90	8.00

资料来源：国家统计局。

如表 1-3 所示，随着产业结构的调整和优化升级，京津冀地区第三产业规模适中，保持着平稳扩大的趋势，第三产业占 GDP 的比重始终高于 50%，并且在 2017 年和 2018 年超过 60%，发展优势日益凸显，产业由工业主导型向服务主导型经济转变的态势显著。其中 2018 年北京第三产业增加值达到 24 553 亿元，占 GDP 比重达到 80.98%；天津第三产业增加值达到 11 027 亿元，占 GDP 比重达到 58.62%；河北第三产业增加值达到 16 632 亿元，占 GDP 比重达到 46.19%。三地对比来看，北京的第三产业无论是总量还是占 GDP 比重都远大于天津和河北，河北的第三产业发展还需要不断深入推动，三地间发展仍有一定差距。

表 1-3　2010—2018 年京津冀第三产业增加值占 GDP 比重

（单位：%）

年份	北京	天津	河北	京津冀
2010	75.11	45.95	34.93	50.22
2011	76.07	46.16	34.60	50.05
2012	76.46	46.99	35.31	50.77
2013	77.52	48.33	36.14	52.02
2014	77.95	49.57	37.25	53.22
2015	79.65	52.15	40.19	56.14
2016	80.23	56.44	41.54	58.19
2017	80.56	58.15	44.21	60.06
2018	80.98	58.62	46.19	61.33

资料来源：国家统计局。

在疏解非首都职能上，北京一直在加大管理力度。2014 年以来，北京严格执行新增产业禁限目录。2014 年 7 月，北京率先出台了《新增产业的禁止和限制目录（2014 年版）》，以构建“高精尖”产业结构为目标，按照四类功能区（首都功能核心区、城市功能拓展区、城市发展新区、生态涵养发展区）分别提出了禁止和限制新增的具体产业，对高能耗、高耗水、高污染的部分行业作出了区域限制、规模限制以及产业环节、工艺和产品限制，对非首都功能增量进行严格禁限。其他措施还有：

第一，调整优化产业结构。2014 年 7 月北京出台《北京市文化创意产业功能区建设发展规划（2014—2020 年）》，以文化创意产业功能区建设助力京津冀协同发展。2015 年 5 月国务院印发了《关于北京市服务业扩大开放综合试点总体方案的批复》，要求北京紧紧围绕京津冀协同发展战略开展服务业，扩大开放综合试点，着力推动北京服务业现代化，提升服务业贸易发展水平。2017年12月，京津冀协同发展领导小组办公室发布《关于加强京津冀产业转移承接重点平台建设的意见》，提出北京将引导创新资源在京津交通沿线主要城镇集聚发展，打造科技研发转化、高新技术产业发展带，推进节能环保等创新资源向天津宝坻等区域集聚，打造沿海产业带，支持天津建设产业创新中心和现代化研发成果转化基地；同时发挥中关村、滨海两个国家自主创新示范区优势，对接河北要素成本比较优势和承接产业转型升级需求，支持河北创建国家科技成果转移转化实验区。

第二，加快推动京津产业向河北转移。2016年工业和信息化部会同北京、天津、河北三地的人民政府共同编制《京津冀产业转移指南》，引导京津冀地区合理有序承接产业转移，提出了打造一个科技创新中心、建设五区五带五链、发展若干（N个）特色产业基地、完善政策支持措施等四大要点，对京津冀未来的产业优化布局提出了理论指导。2016年，北汽集团微车产业基地落户沧州投产运营；2016年10月，北京现代第四工厂正式投产，2018年实现产值近200亿元；截至2018年，北京·沧州渤海新区生物医药产业园签约12家上市公司、55家高新技术企业、3家中国医药工业百强企业；2018年2月，迁安市与北京市政府采购企业协会签约，迁安文创共享产业园项目正式落户迁安；2018年3月，星海钢琴肃宁生产基地项目开工建设。此外，河北省永清县抓住京津冀协同发展机遇，高标准规划建设了永清智能控制产业园，积极承接北京高端智能制造业转移，北京中科水景科技有限公司、北京众合天成精密机械制造有限公司、中国航天科工集团有限公司等一批高端制造、智能控制项目公司落户园区。

第三,打造46个产业转移承接平台。2017年12月,京津冀协同发展领导小组办公室发布《关于加强京津冀产业转移承接重点平台建设的意见》,该意见立足京津冀三地功能和产业发展定位,围绕构建和提升"2+4+N"产业合作格局,聚焦打造若干优势突出、特色鲜明、配套完善、承载能力强、发展潜力大的承接平台载体,引导创新资源和转移产业向平台集中,促进产业转移精准化、产业承接集聚化、园区建设专业化。截至2018年年初,初步明确了"2+4+46"个平台,包括北京城市副中心和河北雄安新区2个集中承载地,曹妃甸协同发展示范区、北京大兴国际机场临空经济区、天津滨海新区、张承(张家口、承德)生态功能区4大战略合作功能区及46个专业化、特色化承接平台。46个承接平台共涉及协同创新平台15个、现代制造业平台20个、服务业平台8个、农业合作平台3个。

(二)生态环境保护

伴随着经济不断发展带来的一系列生态环境问题,如大气污染、水污染、资源短缺、生态破坏等,已经成为制约京津冀地区发展的关键因素,生态环境的问题也直接影响到京津冀协同发展国家战略的顺利实施。目前京津冀面临的最主要的问题为:大气污染严重,雾霾天气时有出现;人均水资源严重短缺;生态系统多样性遭受破坏,环境治理进展缓慢。上述问题发生的根本原因在于环境污染行为带有负外部性,生态环境保护行为具有正外部性,带来污染的供给过高、保护环境的供给过少。一些省市依靠现有的行政机制治理环境问题会产生较大的利益分歧,为了优先保证本省市的发展,不愿将优秀企业转移到其他省市,也不愿承担过多的经济责任,由此增大了治理难度。京津冀地区实现环境协同治理需要消除污染的外部性,将京津冀看作一个整体,通过体制创新打破区域分割和利益隔阂,全面提高资源配置效率。此外,通过三地之间的大力合作,以行政力的强制性创造出排污权的稀缺性,使污染的隐性成本内部化。同时,还需要建立相应的市场机制,使环境保护的隐性收益显性化。

自京津冀协同发展深入推进以来,京津冀地区在控制环境污染、建设区域一体化环境保护机制、加强生态环境保护、扩大区域生态空间领域取得了显著的成效。三地就突出的环境问题不断深化合作,通过落实环境保护税等环保政策,逐渐实现区域生态环境协同治理的体系。三地在推动北京密云区、延庆区和河北张家口市、承德市等生态文明先行示范区建设的同时,积极培育北京平谷区、天津蓟州区、河北廊坊市北三县等一批京津冀协同共建生态文明示范区。

京津冀三地在生态环境保护方面不断推出环保创新政策。2015 年 12 月,国家发展改革委和环境保护部(现为生态环境部)发布了《京津冀协同发展生态环境保护规划》,明确了未来几年京津冀生态环境保护目标任务——到 2017 年区域生态环境质量恶化趋势得到遏制,到 2020 年主要污染排放总量大幅削减,区域生态环境质量明显改善。这一规划首次提出了到 2017 年京津冀地区 PM 2.5

年平均浓度要控制在73微克/立方米左右，到2020年PM2.5年平均浓度要控制在64微克/立方米左右，比2013年下降40%左右。2016年11月，国务院印发了《“十三五”生态环境保护规划》，明确了京津冀要强化区域环保协作，联合开展大气、河流、湖泊等污染治理，加强区域生态屏障建设，创新生态环境联动管理体制机制，构建区域一体化的生态环境监测网络、生态环境信息网络和生态环境应急预警体系，建立区域生态环保协调机制、水资源统一调配制度、跨区域联合监察执法机制，建立健全区域生态保护补偿机制和跨区域排污权交易市场。

在联防联控协同治污方面，2015年11月27日，京津冀三地环境保护部门召开首次京津冀环境执法与环境应急联动工作机制联席会议，共同成立了京津冀环境执法联动工作领导小组，环境执法联动工作机制正式启动。2015年12月3日，京津冀三地环境保护部门共同出台《京津冀区域环境保护率先突破合作框架协议》，以防治污染为重点，以联合立法、统一规划和同一标准为突破口，推进统一检测、协同治污、执法联动、应急联动和环评会商工作的顺利实施。

在能源问题上，京津冀能源协同管理机制初步建立。在京津冀燃煤总量这个最为重要的影响环境的项目中，2013年，环境保护部、国家发展改革委等六部门联合印发《京津冀及周边地区落实大气污染防治行动计划实施细则》，要求到2017年年底，北京、天津和河北分别净削减原煤消费总量1300万吨、1000万吨和4000万吨。2017年，京津冀三地联合印发了《京津冀能源协同发展行动计划(2017—2020年)》，提出了京津冀区域能源战略协同、能源设施协同、能源治理协同、能源绿色发展协同、能源运行协同、能源创新协同、能源市场协同、能源政策协同的“八大协同”战略，并明确了68项具体任务，力争将京津冀地区建设成为清洁低碳、安全高效的现代能源示范区和能源结构调整试验区。其中河北在全国来看是污染重地，也是京津冀中能源污染最为严重的地区，因此河北于2017年9月出台《河北省“十三五”能源发展规划》，提出控制总量、保障供应、优化结构、节能减排和改善民生五方面目标以及推进能源生产革命、能源消费革命、能源技术革命、能源体制革命、能源战略合作和能源惠民共享六方面重点任务，以从根本上改变“一煤独大”的能源消费结构，从源头上限制污染物排放量。

在大气污染治理方面，2015年，京津冀及周边地区共同开展“京津冀及周边地区深化大气污染控制中长期规划研究项目”。2018年5月4日，该项目公开了成果，首次建立了京津冀及周边地区七省(区/市)(京津冀晋蒙鲁豫)大气污染物排放清单，涉及的污染物包括可吸入颗粒物(PM10)、细颗粒物(PM2.5)、二氧化硫(SO_2)、氮氧化物(NOx)、挥发性有机物(VOCs)、氨(NH_3)、一氧化碳(CO)等七项，涉及的污染源包括燃烧源、工业源、移动源、扬尘源、生活源、农业源、天然植物源等七大类。在建立清单的基础上，分析了京津冀及周边地区大气污染源排放特征和大气污染传输影响。虽然区域空气质量整体有所改善，但污染物排放总量依然较大，形势依然严峻，需要区域共同实施污染物减排。从远期看，若要实现区域空气质量达标的目标要求，主要大气污染物需在2015年排放量的基础上减排40%—80%,减排潜力最大的行业分别是钢铁、水泥和石化,项目提出京津冀三地钢铁产能远期控制在2亿吨以下。研究建议实施大气环境分区管控、推行差别化能源政策、削减煤炭消费总量,推动区域标准统一和技术改造以提高固定源污染治理水平,在继续推行车油路提标管控的基础上,优化区域交通布局和绿色交通体系建设等。

在工业污染源控制方面,京津冀三地分别实施了《北京市工业污染源全面达标排放计划实施方案》《天津市工业污染源全面达标排放计划实施方案》和《关于实施工业污染源全面达标排放计划的通知》,以2020年京津冀工业污染源超标整治工作取得明显成效为目标。在制定工业污染排放标准方面,2017年4月13日,京津冀三地联合发布《建筑类涂料与胶黏剂挥发性有机化合物含量限值标准》以减少VOCs排放,这也是首个由三地政府共同制定的排放标准。

(三)交通一体化

在京津冀协同发展的过程中,交通的一体化发展至关重要,涉及三地之间经济的连接,也是河北承接京津两地重要资源的途径。2015年12月8日,国家发展改革委和交通运输部联合发布《京津冀协同发展交通一体化规划》(以下简称《规划》),为扎实推进京津冀地区交通的网络化布局、智能化管理和一体化服务提供了理论指导和目标依据,并指出到2020年基本形成多节点、网格状的区域交通网络。《规划》指出,京津冀将以现有通道格局为基础,着眼于打造区域城镇发展主轴，促进城市间互联互通，推进“单中心放射状”通道格局向“四纵四横一环”网络化格局转变。“四纵”即沿海通道、京沪通道、京九通道、京承—京广通道，“四横”即秦承张通道、京秦—京张通道、津保通道和石沧通道，“一环”即首都地区环线通道。2016年11月，《京津冀地区城际铁路网规划》发布，提出以“京津、京保石、京唐秦”三大通道为主轴，以京津石三大城市为核心，京津冀地区将新建24条共3457公里的城际铁路网，到2020年，与既有路网共同连接区域内所有地级以上城市，基本实现京津石中心城区与周边城镇0.5—1小时通勤圈，京津保0.5—1小时交通圈，有效支撑和引导区域空间布局调整及产业转型升级；远期到2030年基本形成以“四纵四横一环”为骨架的城际铁路网络。

京津冀三地都高度重视各自的轨道交通发展规划。2016年7月，北京发布《北京市“十三五”时期交通发展建设规划》，构建与出行距离相匹配的交通发展模式，打造“1小时京津冀区域交通圈”。2017年1月，河北发布《河北省轨道交通发展“十三五”规划》，指出2016—2020年预计新建铁路项目投资2000亿元，轨道交通营运里程力争突破8500公里。2017年6月，天津发布《天津市综合交通运输“十三五”发展规划》，指出要提升天津市铁路枢纽地位，围绕京津冀“四纵四横一环”运输通道，重点建设高效密集的客运铁路网，完善货运铁路布局。

（四）金融服务创新

近年来，京津冀地区的金融服务业发展迅猛，由图1-1可以看出，2010—2017年京津冀三地的金融业增加值都有着较大幅的增加，其中北京2017年较2010年增长了1.5倍，天津增长了2.5倍，河北增长了2.3倍。从绝对值水平来看，北京的金融业增加值高于天津、河北，并且随着时间间隔的加长，差距不断扩大。

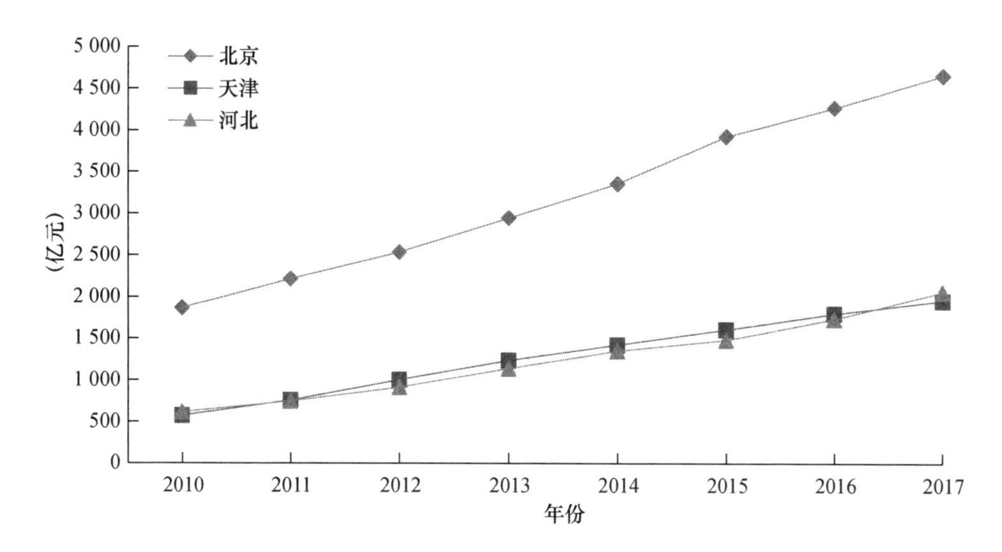

图1-1 2010—2017年京津冀金融业增加值变化趋势

资料来源：国家统计局。

表1-4是2015年京津冀银行业金融机构情况，从网点规模、从业人数和资产总额来看，大型商业银行(包括中国工商银行、中国建设银行、中国银行、中国农业银行、交通银行)居于主导地位，其资产总额占京津冀银行资产总额的41.4%；国家开发银行(以下简称“国开行”)和政策性银行、股份制商业银行等处于从属地位。河北由于地域广阔，能明显看出大型金融机构的网点分布密集，但是较为专业化的财务公司、信托公司和外资银行数量过少，由此可见河北金融机构的构成较为单一，主要是传统型银行。

表 1-4　2015 年京津冀银行业金融机构情况

机构类别	网点规模(个)			从业人数(人)			资产总额(亿元)		
	北京	天津	河北	北京	天津	河北	北京	天津	河北
大型商业银行	1811	1234	3292	52711	28843	77696	76672	11732	24304
国开行和政策性银行	18	13	164	928	515	3611	16549	3318	3863
股份制商业银行	911	315	456	23003	10942	9617	42648	9789	4713
城市商业银行	350	320	1034	10487	7914	19825	19246	8282	10413
农村金融机构	694	587	4876	8913	8564	47915	6286	3817	11507
财务公司	70	5	6	4404	174	187	22838	313	444
信托公司	11	2	1	2474	302	197	864	88	49
邮政储蓄	568	416	1461	3080	2667	9500	4052	951	2902
外资银行	121	56	1	4575	1415	56	3224	869	32
新型农村金融机构	37	80	153	731	1285	2471	196	286	269
其他	12	11	2	3778	1563	127	4028	5463	219
合计	4603	3039	11446	115084	64184	171202	196603	44906	58715

资料来源:《北京市金融年鉴》《天津市统计年鉴》《河北经济年鉴》《河北金融年鉴》。

从京津冀区域金融合作现状来看，“十二五”以来，在党中央和国务院的支持下，京津冀三地的区域发展不断融合，区域金融合作取得快速进展，主要体现在以下三个方面：

第一，金融机构积极按照《京津冀协同发展规划纲要》的导向要求配置金融资产。2018年年底，北京银行业投放京津冀协同发展融资余额首次突破万亿元，达到10110.82亿元，同比增长20.63%。其中，国家开发银行发挥金融优势，截至2017年6月末，累计发放京津冀协同发展项目贷款1.77万亿元；中国工商银行建立了京津冀一体化重大项目储备库，对重大项目实行名单制动态化管理，2015年6月末已经储备重点项目超过200个；平安银行与河北省政府签署额度为2000亿元的“平安兴冀”产业基金，投向河北综合交通体系建设、京津冀城市空间功能布局重构、产业承接与转型升级、生态环境保护等项目；北京银行在京津冀优先布局网点，与天津市政府签订了1000亿元的合作协议，成立1000亿元发展基金，并向通州行政副中心提供了100亿元支持棚户区改造，100亿元信贷支持基建，100亿元消费贷支持第三产业，总计拟安排万亿元授信额度和千亿元投资规模支持京津冀协同发展。

第二，在政策上，国开行和中国农业银行等金融机构发挥示范引领作用，分别与京津冀三地政府签署了战略合作协议和备忘录。中国工商银行、中国农业银行、中国银行等大型金融机构和股份制商业银行分别在总行层面建立了京津冀协同发展的领导小组和工作机制。2018年5月17日，北京市金融工作局与天津市金融工作局、河北省金融工作办公室在石家庄市举行金融合作交流座谈会并签署《京津冀三地金融局（办）合作框架协议》。未来三地将围绕服务实体经济、防控金融风险、深化金融改革三项任务，坚持“一盘棋”思想，按照市场主导、政府引导的原则，结合京津冀区域整体功能定位和三地功能定位，加强统筹协同，加强信息共享和人才交流；发挥市场资源配置作用；推进金融市场一体化改革，推动多层次资本市场建设；加快推进科技金融发展，完善科技创新投融资体系；落实银行间市场助推京津冀协同发展合作协议，鼓励三地企业直接融资；利用天津自贸试验区制度创新优势，探索开展京津冀金融改革创新试验；在加强地方金融监管协作、共同维护区域金融安全稳定等多个方面深入展开合作。

第三，在金融基础设施建设上，京津冀区域票据自动清分系统于2005年正式开通运行，在全国开了跨区域流通先河。系统实现了京津廊三地票据互相流通的跨区域票据交换模式，为京津冀金融合作打下了良好的基础；国内首例跨区域的旅游金融创新产品“京津冀旅游一卡通”2011年4月于廊坊首发，以“一卡通”的金融产品模式促进了京津冀区域旅游一体化的发展。

第二节　京津冀社保协同发展基本情况

一、京津冀社保协同发展的背景

随着京津冀协同发展战略的不断推进与深入发展，京津冀之间的人才资源流动性提升，三地之间的劳动力要素开始互相流动，同时北京疏解非首都职能的趋势也将持续不断地影响北京企业向河北及天津的转移，由此带来的便是人员迁徙与流动，其中涉及人力资源最重要的问题便是社保的转移和衔接。目前，京津冀碎片化的社保制度对企业和人员的流动产生了极大的阻碍。改革三地的社保制度、实现三地之间社保制度的衔接与整合协同发展，成为当前京津冀协同发展的必要前提与迫切要求。

（一）在社保的发展现状上，京津冀三地存在较大差异，造成人员流动阻碍

长期以来，京津冀地区的经济发展状况存在较大差异，导致三

地工资收入水平不同，因而三地社保基金的人均收入及保障水平存在差异。我们以基本养老保险为例。

如表1-5所示，我们从2017年年底京津冀城镇职工基本养老保险的参保人数和基金收支结余来看，计算得出京津冀三地基本养老保险的基金人均收入分别为13 855元、13 648元、9 370元，可以看出河北的人均缴费比例较低。在人均基金支出上，三地分别为8 688元、12763元、9194元，天津的人均支出最高，北京的最低。从累计结余上可以看出，北京的累计结余远远超过天津和河北，从人数对等来看，河北的人均累计结余是最低的，按照这样的趋势下去，累计结余的数量堪忧。从上述数据来看，城镇职工基本养老保险上三地之间差异明显，北京和河北间差距较大。同时，就现状来看，京津冀三地不仅在各统筹地区社会平均工资水平方面存在较大差异，缴费政策也不尽相同。就养老保险而言，北京和天津以社会平均工资为缴费基数，河北则以全省上一年度在岗职工平均工资为缴费基数。这就导致同一收入水平的人在京津冀的缴费金额可能有所不同。由于社保制度和经济发展存在差异，未来退休人员的养老状况以及其他待遇水平将会产生非常大的差距。在京津冀三地企业职工转移的过程中，这将会严重阻碍职工的积极性，不利于三地之间的人才流动。

表1-5 2017年年底京津冀城镇职工基本养老保险数据

地区	参保人数（万人）	基金收入（亿元）	基金支出（亿元）	累计结余（亿元）
北京	1 604.49	2 223	1 394	4 395
天津	655.02	894	836	463
河北	1 535.81	1 439	1 412	735

资料来源：国家统计局。

（二）京津冀三地的社保管理体制各不相同，造成政策执行与交流不便

在进行社保改革的过程中，各地都进行了不同的探索，导致社保管理体制存在差异。目前，河北社保各项目的费用由税务局征缴，北京和天津则由社保中心进行缴费与待遇领取的管理。尽管国家出台了政策，要求自2019年起社保统一归税务部门征缴，但一直到2020年年底，社保费用才全部转为税务部门征缴，体现出政策出台到落实还需要一段时间，存在时滞差异。因此，同一项业务由不同部门管理，对于管理部门而言，在社保政策制定与执行过程中，不免出现缺乏交流、信息不能及时共享、增加费用及审核难度等问题。对于企业与职工来说，在领会与执行政策中也容易产生混淆，不利于社保的异地监管；尤其是在职工工作地点转移的过程中，跨区社保关系的转移接续会存在较大的阻碍。

（三）社保统筹层次有高有低，职工异地养老与异地就医较为困难

从养老保险与医疗保险来看，目前北京和天津已经实现市级统筹管理，统筹层次较高，而河北的统筹层次较低，养老保险尚未实现省级统筹，医疗保险还未实现市级统筹。养老保险统筹层次的差异导致养老保险统筹账户的转移接续非常困难。目前针对个人账户部分，相对可以灵活转移接续，但统筹账户部分的异地转移还没有完全实现，即使部分地区允许退休人员将社保中的统筹部分转至居

住地，要求也十分严格，手续烦琐。这不仅会制约京津冀一体化过程中人口的流动，还会给三地社保的整合管理造成困难。另外，三地医疗保险统筹层次不同，各统筹地区的药品目录、诊疗项目、服务设施等目录范围以及报销支付标准各不相同，容易出现重复参保、重复报销等现象，造成参保人员骗保导致医疗保险基金的浪费。而且，不同的统筹层次更为异地就医带来较大的操作困难。在报销范围方面，异地就医人员必须选择在定点医院就医，否则费用不能报销。异地就医时，使用的药品、检查、治疗项目、床位标准必须符合当地的基本医疗保险用药目录、诊疗项目目录、医疗服务设施项目目录的有关规定，不在其目录范围内的不予报销，也造成了异地就医的困难。

（四）优势医疗资源过度集中于京津地区，加大了河北医保部门的异地就医监管难度

京津冀三地医疗卫生资源布局失衡严重，基层卫生资源布局和重点医疗机构布局不合理。如果医疗卫生资源失衡状态不改变，高端医院仍旧集中于北京和天津，医保管理就不会得到根本改善。伴随京津冀一体化进程会出现许多异地就医现象，河北的医保机构无法时时对异地就医进行监管，存在监管盲区，参保人权益容易受到损害。

二、京津冀社保协同发展定位的原则

京津冀社保协同发展定位是指在京津冀三地之间构建起社保

协调联通的机制，打破三地社保相互分割的壁垒，改变长期以来形成的各自为政的局面，通过社保制度、管理制度等的设计将三地的居民看作一个整体进行统筹规划与安排，按照市场经济的规律，消除制度性和体制性障碍，逐步缩小三地之间的差距，从而实现政策上基本的对等关系、体系上的互补关系、国民待遇上的一致性，使得整个社保制度全面、协调、可持续发展。

其中，社保协同发展定位的几项原则需要遵守：

（一）协调而非统一原则

我们建设的是京津冀地区协同发展基础上的社保协同发展，不是严格意义上的一体化，更不是平均主义。我们要尊重京津冀三地之间存在的经济、文化上的差异，直面这些差异，然后在接受差异的基础上，建设京津冀地区全新的社保制度，在具体不同区域的参数细节上设计出区分度，在允许数据差异的情况下，保证京津冀地区社保制度的连续性。我们要在现有方案的基础上协调、保障劳动力的权益，在一定程度上对京津冀地区的收入和资源进行再分配，通过建立一个紧密的、流动的、可持续的社保制度来促进三地的融合与共同发展。

（二）非歧视性原则

在京津冀三地的居民，只要符合当地的参保条件并参加社保缴费，完成了自己应尽的义务，那么本地户籍人口与非本地户籍人口在社保制度方面就享有一样的权利，需要履行一样的义务。不能因为户籍的来源而对不同的个体产生制度上的歧视，而要充分保障区域内每一位公民的合法权益，让他们能够真正享受到京津冀协同发展带来的便利。

（三）不重复参保原则

在京津冀三地构建起社保协同发展的框架后，在同一时间内，只有某一地区的某一种社保制度适用于流动劳动者。例如，某一劳动者在家乡参加了新型农村合作医疗保险（以下简称“新农合”），而在城镇工作时参加了城镇职工医疗保险，那么他只能选择一种社保方式来享受权利和履行义务，而不被允许多重承认。这样才能保证每一位公民的权利，也避免资源的浪费与制度的混合带来不必要的麻烦。

（四）可输出原则

针对经常性流动的劳动者而言，在京津冀这样的区域内，其社保关系的转移应当是自由的、高效率的。通过设计出合理有效的制度，保证劳动者在区域内流动时能够转移自己的社保关系，同时原有的福利部分不因跨区域的转移而减少。比如基本养老保险中的个人账户允许随人转移，同时统筹账户的福利不因人的转移而减少，至少保证不变。通过这样一种可输出原则的保证，最大化地促进京津冀地区劳动力的自由流动，从而更好地推动整体经济的发展。

（五）广泛性原则

要使京津冀三地所有社保关系都可以随流动劳动力跨区域、跨制度转移。

（六）权利义务对等原则

明确地区之间、基金之间的权利义务划分匹配，不额外增加或减少转出地、转入地以及转出基金、转入基金的负担。

（七）便携性原则

社保结算方式要简单透明，减少流动劳动力进行社保关系转移接续的交易成本。例如，可以通过联网、社保信息区域共享等方式达到简化结算手续的目的。

三、京津冀社保协同发展的目标

京津冀协同发展离不开社保的协同发展。社保在京津冀三地之间的协同发展关系到疏解非首都职能能否顺利进行，关系到京津冀三地之间劳动力要素的流动性，关系到首都经济圈的整体经济发展趋势，所以社保一体化是推动京津冀协同发展的重要助力。在社保协同发展的未来规划上，大致分为短期目标和长期目标。

（一）短期目标

基本建立起京津冀社保协同发展的框架制度，其中社保经办机构的衔接与信息共享是非常重要的一部分。京津冀三地之间社保协同发展最严重的问题便是社保的联系与转接,这也是国内乃至国际上区域一体化过程中会面临的重要议题。在经济、政治、文化等各方面都存在巨大差异的相邻省份之间构建起统筹协调的区域一体化机制是有挑战的,而在京津冀这样特殊的地域更是如此。长久以来,京津冀尽管同处于一个经济圈,但与北京、天津相比,河北的战略地位明显靠后,因此三地在政治决策、经济发展和民生政策上都存在很大差距,这不是一朝一夕能够改变的,所以需要率先改变社保的经办机构。

第一,在养老保险、医疗保险的各个方面设立互联接口,如医保目录、报销标准、结算体系等,打通省级政府部门之间的壁垒,让社保所有信息能够及时共享。第二,建立异地监管机制,社保的经办机构要对异地就医等行为实行有效的约束。第三,可以利用第三方来解决一部分社保衔接问题。例如可以借助人力外包公司来承担社保缴纳的工作,通过专业化的分工,帮助流动中的劳动者在社保归属地缴纳保费。同时对于第三方的资质也要有严格的法律认定;要制定行业规范以及标准的操作流程;对第三方帮助代缴的过程要进行严格的监督,避免企业出现寻租行为。第四,设立联合发展基金,通过发行债券或企业运行的方式筹资,也可以由国家、北京、天津、河北按比例出资,建立企业异地安置基金、职工失业补贴基金等社会保障,以辅助初期社保的衔接管理工作,提高社保衔接过程中的公平性。

目前京津冀地区已经建立了部分有关短期目标的社保政策。

如2016年10月，北京市人力资源和社会保障局与河北省人力资源和社会保障厅签署了《推动人力资源和社会保障深化合作协议》，明确了推进京冀人力社保一体化“4＋3”工作目标，从而进一步加快推进两地人力社保一体化进程。其中“4＋3”工作目标是指北京和河北将从就业创业、社会保障、人才服务、劳动关系等4个方面进一步加强省级合作，并确定曹妃甸、新机场、燕郊这3个区域为深化合作、重点突破地区，共同推动两地人力资源的合理流动和有效配置。

（二）长期目标

到2030年，建立完善的京津冀社保协同的制度，社保关系跨制度、跨区域的转移接续手续更加便利；京津冀地区间的社保待遇水平差距明显缩小。对于京津冀而言，长期的制度需要统筹与协整，不再是中短期的基本协同框架，需要的是整体差距的缩小、制度的统一与完整，从而达到三地之间相辅相成、共同发展经济的作用。

首先，统一管理部门与管理体制。目前河北与京津两地管理社保的主体有所不同，河北可以整合省内社保资源，对社保管理主体进行改革，将社保的相关管理工作与北京和天津的进行衔接统一。如果三地的社保管理工作由相同的部门负责，那么无论是在政策衔接还是信息互通方面都会更加便捷，还有利于相互借鉴经验。

其次，对三地社保改革进行顶层设计，统一改革进程。由于京津冀区域多元化以及社会保障措施碎片化，因此必须采取新区域主义观点，注重社会保障的整体性，完善“协同保护”的制度供给，破解本区域“共识多、行动少”的“失调”困局。京津冀社会保障一体化必须由中央主导，确定统一的可持续方案，即打破三地之间省际局限，建立起大区域层面的跨省社保共同框架，明确养老、医疗等社保系统间的共同原则以及对应的标准。明确三地之间跨省社保基金管理的详细框架；明确三地间流动人口跨省享受社保的权利以及相应的限制；将社保的管理上升为整个地区的统一管理，整合社保资源，实现社保缴费与受益的均等化。三地在社保管理方面进行合作，包括审核、结算、数据收集、服务信息自由传递等。同时在三地可以专门设立针对社保的管理和协调机构，同政府、劳动保障部门以及财政部门合作，共同协调并监督人口跨省流动过程中社保的转移。

最后，通过区域内大数据处理，实现社保管理现代化。在网络高度发达的今天，可以利用“云计算”对京津冀三地养老保险、医疗保险等海量数据进行上传并分析，建立京津冀社保数据库，对数据进行统一管理。这样可以保障无论劳动者在哪个地区都可以实时调出自己的社保数据，相关管理部门也能够通过数据库随时监控流动中的劳动者的社保信息，掌握劳动者的最新就业状况。此外，通过这种数据分享，能够解决如重复参保、重复报销等社保衔接工作中的难题。同时“云计算”还可以及时梳理和监控三地之间数据的变化，比如可以迅速统计出异地就医的数量、病种测算、医保基金的变化以及医保基金财务收支的变化并作出预警，帮助调整相应政策，为社保资源的整合提供便捷科学的技术手段。

四、京津冀社保协同发展的路径

（一）做好京津冀社保顶层制度设计，建立社会保障协同发展的机制，进而更好地推动社保协同发展

在社保协同发展的过程中，最重要的是顶层制度的设计。完善的制度设计对区域社保协同发展而言至关重要。

第一，京津冀地区受到传统的户籍制度和城乡二元体制等因素的制约，各地区内部的社保存在较大差异。此外，三地由于长期以来发展不均衡，也存在差距，因此在对京津冀进行社保协同发展的顶层制度设计时应当考虑各个社会层级及各个利益相关方。通过建立起一个统一的统筹机构来管理整个京津冀地区，分布多个支点在三地的各个区域内进行协调联系，形成一种动态的稳定制度。这是一种自上而下的制度选择，需要深入调查各地区内部社保现状的产生原因，进而作出与之匹配的制度设计，坚持落实细节，不做空泛的大范围制度覆盖，而是深入地区进行差异化制度设计，在费率与保额上协调发展，以优势地区带动劣势地区，以先发展地区带动后发展地区，互相协调，达到社会效益最大化。

第二，社保本身是社会保障的重要组成部分，所以在社保协同发展的同时，也要注重社会保障体系的建设。社会保障体系发展的首要条件便是法律制度的完善，想要建立起协同发展的框架，法律的“稳定器”作用非常重要。通过设立相应的具有预见性、前瞻性的法律制度来引导三地之间的协同发展，也给三地的发展设立了红

线，在“刚性”的法律制度下，尽可能缩小三地之间的差距，减少不必要的利益冲突，实现真正的均衡发展。此外，一个架构在京津冀三地之上的统筹机构也是三地社保协同发展的必要条件。2014年8月成立的京津冀协同发展领导小组便是为了统筹协同规划发展应运而生的。该小组在近年不断召开会议，通过讨论相关文件来确定京津冀地区的未来发展方向，从大局上指引京津冀的整体构建思路。因此，在之后的发展过程中，这个小组以及可能出现的其他领导机构应该发挥协调各方、统筹规划、区域协同的作用，全力以赴推动京津冀地区的协同发展，进而带动全国的区域经济发展。

（二）缩小河北与北京、天津之间的经济差距及社保保障差距

京津冀经济发展的不平衡是导致京津冀社保不均等的主要原因，同时也是阻碍区域协同发展的根本所在，因此想要从真正意义上推动京津冀社保协同发展，必须以经济发展为核心，从而带动整体区域的协同发展进程。长期以来，京津冀三地经济发展不均衡的现象一直存在并不断加深，由于北京作为首都存在“虹吸效应”，改革开放至今，为了首都的经济发展，环北京圈的区域都尽可能地向北京提供劳动力要素、资本要素，其中受影响最大的便是河北。河北向北京提供了大量的劳动力及资源保障，并承接了北京淘汰的落后的夕阳产业；而天津则凭借天津港的发展，走向了以贸易为主的道路，发展起了以港口为核心、向内陆和国外辐射的经济发展模式，这是经济发展的必然路径。但是长期以来河北的经济形势

与产业结构畸形发展，造成了“环首都贫困带”等现象的产生，这些都阻碍着三地的协同发展，无论是社会收入水平还是社保保障力度，河北都大大低于北京和天津，所以发展河北经济是重要的一步。

京津冀区域经济差距的缩小并不是一蹴而就的，需要进行长期的调整。在目前三地转型发展的大趋势下，北京疏解非首都职能便是将资源向天津和河北倾斜反哺的一个方式，在这个过程中，河北要做好承接北京产业转移的准备，通过合理建立、规划相应的科技园区，合理布局产业结构，充分调动产业在河北本地的经济拉动作用，将承接产业的效用提升到最大，进一步缩小经济差距。只有建立在经济差距不断缩小的基础上，社会保障力度的差异才会尽可能缩小，京津冀三地的经济差距才会尽可能缩小。在经济差距不断减小的基础上，京津冀三地社保水平才能够缩小。

2017 年 4 月，中共中央、国务院作出了设立河北雄安新区、打造北京非首都职能疏解集中承载地的重大策略决策，将重点承接部分中央行政机构及企业的同时，配套跟进教育、医疗、文化等公共服务单位。这是河北发展经济的一个重大契机，是优化提升河北经济结构的机会，河北应当抓住这一机会与挑战，通过设立对接机构，在土地、设施、金融、投资、税收等方面给予将要入驻的新机构以全方位的支持，确保在京单位愿意来、落得下、能发展。以雄安新区这样一个新型综合试验区为基点，向河北各个地区进行辐射，达到以点带面的效果，为河北经济发展注入新活力。

(三)三地协同发展需要政府部门的干预和财政支持

在区域经济协调发展的过程中,市场可能会出现失灵、投资力度不足等现象,此时政府的干预便是针对基于市场机制的局限性、盲目性和不确定性下带来的市场失灵所采取的措施,运用经济手段、法律手段、行政手段等,根据经济发展的不同阶段进行制度构建,重新调节市场。在政府部门干预的情况下,京津冀三地在很大程度上需要对区域内的经济政策进行调整,主要包括区域财政政策、区域金融政策、区域产业政策、区域外贸政策,政府则通过区域税收政策的调整、财政转移支付制度、区域政府投资等手段,在宏观经济的调节上发挥作用。对于京津冀三地而言,必要的财政支持和政府干预是推动京津冀协同发展的必要手段。

在京津冀协同发展的初期,应当建立起中央财政专项资金。一方面,该资金可以用于解决社保问题。由于京津冀之间人才的流动必然带来社保的流动衔接,尤其是基本养老保险和医疗保险的转移问题,在各地之间社保基金收支不平衡的情况下,中央财政专项资金应当起到平衡三地社保基金的作用,为社保的转移衔接做好资金保障,从根源上激励三地尽快建立起完善的社保协同机制,处理好过渡期的摩擦性问题,保证政策出台到落实的过程中人才的流动不受影响,最大限度地减少社保的流动性摩擦阻碍,为人力资源的流通破除最后的障碍。另一方面,该资金也可用于产业结构调整,帮助河北更好地承接来自北京的产业。北京的各类单位在向河北转移的过程中,由于经济发展存在差距,两地在企业整体待遇和员工福利上会出现一定的缺口。为了不影响企业和员工的积极性，在短期内，政府部门可以通过专项资金转移支付的手段给予企业和员工一定数量的补贴，保证其整体待遇在短时间内不会出现大幅波动，有助于北京的企业更快落地河北产业园区。

在京津冀协同发展的中期，政府部门可以通过减免税等税收优惠政策给予相关企业财政支持。长期以来，北京和天津凭借其独有的政治优势，享有较多的财税政策优势，吸引了大量的企业入驻；而河北的优惠政策相对较少，形成了一定程度的政策洼地。在协同发展的中期，京津冀需要变政策洼地为政策高地，增加京津冀财税政策透明度，河北应提出有针对性的财税政策。河北应抓住雄安新区的机遇，在雄安新区的基础上，对入驻的企业在15%所得税税率的基础上进行一定程度的降低。例如，对高新科技企业再降低2—3个百分点；对于企业购买研发专用固定资产允许一次性抵扣的单位价值标准，可以提高到100万—200万元，以鼓励企业进行固定资产的更新改造；为了避免总部经济影响各辖区的税收利益，对设立在不同纳税地点的总机构和分支机构，总机构设立在本地的，允许分支机构的年度亏损在总机构的应纳税所得额中抵免；分支机构位于本地的，允许其按照本地的优惠税率就地缴纳企业所得税，应纳税额不必按照总公司汇总计算的应税总额分摊计算。通过以上类似的财税政策，充分发挥政策的导向、虹吸、激励和支持作用，最大限度地促进京津冀的协同发展。

在京津冀协同发展的后期，随着三地之间的经济发展水平差距逐渐缩小，阻碍资本、劳动力和产品自由流动的机制体制障碍基本消除，这时政府应该逐步减少对市场的干预，适时调整财政政策，为经济的持续稳定发展创造良好的市场环境和政策环境。例如，逐步取消企业的优惠政策，为市场的公平竞争创造条件，除了一些特别重大的项目，财政资金不应继续加大转移支付力度，而要充分发挥市场在资源配置中的作用，避免政府过度投资所导致的重复建设和投资过剩。总之，在后期三地协同发展的稳定阶段，经济发展水平已经基本匹配，三地之间的社保政策也基本协调一致，社保的转移衔接问题也得到解决，京津冀经济圈已经发展成熟成型，政府的作用便是协助而非主导，以市场力量为主引导经济的未来走向。

第二章　京津冀协同发展现状分析

本章以基本养老保险和医疗保险为例，分析京津冀社保协同发展的现状。京津冀已经建立起了统一的社会保险框架，实施了社保关系跨统筹区域、跨制度转移接续的相关办法，不断探索异地就医结算的相关制度，为地区间社保协同发展奠定了基础。然而，京津冀社保关系的转移接续仍然不十分畅通，我们认为阻滞因素主要来自以下三个方面：政府层面上，地方利益冲突与天津和河北社保基金承压能力有限；参保人层面上，区域经济发展不均衡下的给付待遇存在差异；制度层面上，包括医疗保险统筹层次不一、城镇职工基本养老保险“新人”“中人”群体划分与定义不同等级制度细节存在差异。

第一节　京津冀基本养老保险协同发展现状与评价

经过几十年的改革和探索，我国已经建立起了由城镇企业职工基本养老保险（以下简称“城职保”）、机关事业单位工作人员养老保险（以下简称“机关事业单位养老保险”）和城乡居民基本养老保险（以下简称“城乡居民养老保险”）构成的基本养老保险体系，形成了全面覆盖城乡的基本养老保险制度。其中，2015年国务院颁布了《关于机关事业单位工作人员养老保险制度改革的决定》(国发〔2015〕2号)，在全国范围内开启了机关事业单位养老保险的改革。同年，天津、河北、北京先后颁布了当地机关事业单位养老保险改革的具体实施办法，三地机关事业单位养老保险与城职保实现了制度并轨。从框架上来看，京津冀目前都已经形成以城职保与城乡居民养老保险为核心的统一的基本养老保险体系。然而，由于京津冀三地经济发展水平相差较大、产业结构和人口结构存在差异，使得各项养老保险制度在政策制定的具体细节上存在差异，在养老保险关系转移接续的实践中也存在一定的阻碍。

一、京津冀城职保

在城职保方面，京津冀三地已根据《关于完善企业职工基本养老保险制度的决定》(国发〔2005〕38号)制定了本地区的基本养老保险规定，形成了相对统一的制度框架，为区域间的基本养老保险转移对接提供了制度前提。2018年5月国务院印发了《关于建立企业职工基本养老保险基金中央调剂制度的通知》(国发〔2018〕18号)，落实了养老保险基金中央调剂制度，迈出了基本养老保险基金全国统筹的第一步。但是由于我国地区间的养老保险政策和待遇水平等都存在较大差异，省级统筹制度还不够完善，中央调剂基金的筹集比例仅为3%，要真正实现基本养老保险的全国统筹仍然任重而道远。因此，以京津冀为试点进行基本养老保险跨省协同与统筹的探索具有现实意义。

如表 2-1 所示，京津冀三地城职保制度框架总体一致，而在具体实践中存在一定不同。京津冀城职保的差异主要来自地区间经济发展水平的差异，因为养老保险基金筹资、待遇计发等各个环节的具体实施都与地区职工的工资水平挂钩，而地区间经济发展水平不平衡导致地区职工工资水平的不同。此外，京津冀各地区缴费基数测度方法略有不同，北京和天津都使用本人上一年度月平均工资为基数，而河北使用本人上月实发工资为基数；京津冀在参保群体的划分上存在不一致，“新人”与“中人”的定义各不相同。另外，部分地区基本养老保险规定与实际操作中存在差异。例如，根据中华人民共和国人力资源和社会保障部的规定，城职保个人缴费基数下限比例为 60%，但是在实际操作中，北京原定的下限比例为 40%，自 2019 年 7 月调整至 46%，此后才逐步上调至 60%。

表 2-1　京津冀城职保制度基本框架

<table>
<tr><th colspan="2" rowspan="2">分类</th><th colspan="3">地区</th></tr>
<tr><th>北京</th><th>天津</th><th>河北</th></tr>
<tr><td rowspan="3">个人缴费</td><td>缴费基数</td><td colspan="2">本人上一年度月平均工资</td><td>本人上月实发工资</td></tr>
<tr><td>缴费区间</td><td colspan="3">缴费工资基数低于本市上一年度职工月平均工资 60%的，以本市上一年度职工月平均工资的 60%作为缴费工资基数；超过本市上一年度职工月平均工资 300%的部分，不计入缴费工资基数，不作为计发基本养老金的基数</td></tr>
<tr><td>缴费比例</td><td colspan="3">8%</td></tr>
<tr><td rowspan="2">企业缴费</td><td>缴费基数</td><td colspan="2">全部城镇职工缴费工资基数之和</td><td>上月全部职工工资总额</td></tr>
<tr><td>缴费比例</td><td colspan="3">20%</td></tr>
</table>

（续表）

<table>
<tr><td colspan="2" rowspan="2">分类</td><td colspan="3">地区</td></tr>
<tr><td>北京</td><td>天津</td><td>河北</td></tr>
<tr><td rowspan="2">计发待遇</td><td>基础养老金（月单位）</td><td>本市上一年度职工月平均工资和本人指数化月平均缴费工资的平均值为基数，缴费每满1年增发1%</td><td colspan="2">退休时全省（市）上一年度在岗职工月平均工资和本人指数化月均缴费工资的平均值为基数，缴费每满1年增发1%</td></tr>
<tr><td>个人账户养老金</td><td colspan="3">个人账户储存额除以国家规定的计发月数</td></tr>
<tr><td rowspan="6">不同群体待遇</td><td>“新人”标准</td><td>1998年7月1日以后参加工作</td><td>1998年1月1日以后参加工作</td><td>1996年1月1日以后参加工作</td></tr>
<tr><td>“新人”计发待遇</td><td colspan="3">基础养老金＋个人账户养老金</td></tr>
<tr><td>“中人”标准</td><td>1998年6月30日以前参加工作，2006年1月1日以后退休</td><td>1997年12月31日以前参加工作，2006年1月1日以后退休</td><td>1996月12月31日以前参加工作，2006年1月1日以后退休</td></tr>
<tr><td>“中人”计发待遇</td><td colspan="3">基础养老金＋个人账户养老金＋过渡性养老金（河北称调节金）</td></tr>
<tr><td>“老人”标准</td><td colspan="3">2005年12月31日之前已经退休</td></tr>
<tr><td>“老人”计发待遇</td><td colspan="3">按照原标准发放养老金</td></tr>
<tr><td rowspan="2">不同群体待遇</td><td>特殊群体</td><td colspan="3">个人缴费年限累计不满十五年</td></tr>
<tr><td>计发待遇</td><td>不享受基础养老金，一次性支付个人账户的储存额，同时发给一次性养老补偿金</td><td>不享受基础养老金，个人账户储存额一次性支付</td><td></td></tr>
</table>

资料来源：根据《北京市基本养老保险规定》《天津市城镇企业职工养老保险条例》《河北省统一企业职工基本养老保险制度实施办法》《河北省完善企业职工基本养老保险制度实施意见》等政策文件整理得到。

二、京津冀城乡居民养老保险

在城乡居民养老保险方面，2009 年北京和天津在全国范围内率先整合新型农村社会养老保险（以下简称“新农保”）与城镇居民社会养老保险（以下简称“城居保”），建立起城乡居民养老保险制度。2014 年，《关于建立统一的城乡居民基本养老保险制度的意见》（国发〔2014〕8 号）出台，给出了城乡居民养老保险制度的建设框架。京津冀依据中央文件，制定了本地区城乡居民养老保险制度的具体规定。

如表 2-2 所示，京津冀城乡居民养老保险制度框架总体一致，但是在具体规定中仍然存在可能影响社保关系转移接续的因素。第一，京津冀三地在保险基金筹资、待遇计发等方面存在显著差异。无论是个人缴费、政府补贴还是基础养老金的待遇计发，北京的缴费和福利水平都最高，天津次之，河北最低，且养老金待遇水平的差距还在逐年扩大。以基础养老金待遇计发为例。2017 年北京每人每月 610 元，天津每人每月 277 元，河北每人每月 90 元；此时，北京市基础养老金是天津的 2.2 倍、河北的 6.8 倍；而到了 2019 年，北京每人每月 800 元，天津每人每月 307 元，河北每人每月 108 元；此时，北京市基础养老金已经增至天津的 2.6 倍、河北的 7.4 倍。第二，为了保证制度的连续性，北京并没有废止《北京市人民政府关于印发北京市城乡居民养老保险办法的通知》（京政发〔2008〕49 号），而是给出了新旧制度衔接的方案。所以，北京城乡居民养老保险在某些具体规定上与天津和河北也存在一定的不同。例如，北京规定凡2015年之前参保的女性领取养老金的年龄条件为55周岁,而非国家统一规定的60周岁。第三,不同于城职保,京津冀在城乡居民养老保险上均未实现省(市)级统筹,仍然停留在区(县)统筹的水平上。

表2-2 京津冀城乡居民养老保险制度对比

制度细则	地区		
	北京	天津	河北
参保对象	本省(市)户籍人员年满16周岁(不含在校学生),非国家机关和事业单位工作人员及不属于职工养老保险制度覆盖范围的城乡居民		
个人缴费	最低缴费标准为本市上一年度农村居民人均纯收入的9%,最高缴费不得超过本市上一年度城镇居民人均可支配收入的30%(2019年度最低缴费标准为年缴费1000元,最高缴费标准为年缴费9000元)	共分为10个档次,最低档每年缴费600元,最高档每年缴费3300元,缴费各档之间相差300元	共分为7个档次,分别为每年200元、300元、500元、1000元、3000元、5000元、8000元
集体补助	有条件的村集体经济组织应当对参保人缴费给予补助,鼓励有条件的社区将集体补助纳入社区公益事业资金筹集范围;金额不超过当地设定的最高缴费档次标准		
政府补贴	针对个人缴费分段补贴:最低缴费至2000元的,60元;2000—4000元的,90元;4000—6000元的,120元;6000元至最高缴费的,150元	针对个人缴费分段补贴:最低档60元,最高档150元,各档补贴之间相差10元	针对个人缴费分段补贴:200元及以下标准的,30元;200元以上档次,缴费每增加一档,政府补贴增加15元

（续表）

制度细则		地区		
		北京	天津	河北
养老金领取条件	年龄条件	男年满60周岁、女年满55周岁（2014年12月31日前参保）；不论男女，年满60周岁（2015年1月1日后参保）	年满60周岁	年满60周岁
	缴费年限	需要满足累计缴费年限满15年；或者2009年1月1日起，男已年满45周岁、女已年满40周岁的人员（不含此后外埠迁入本市户籍的人员），按年缴纳保险费；否则，需要延长缴费年限以达到要求年限，或按照上一年度最低缴费标准，一次性补足差额年限保险费	需要满足累计缴费年限满15年；达到领取年龄但累计缴费年限不满15年的，需一次性补缴所差年限的保费	需要满足累计缴费年限满15年；达到领取年龄但累计缴费年限不满15年的，可逐年补缴或一次性补缴至15年
待遇计发	基础养老金	2019年起，每人每月800元（64岁及以下）/810元（65岁及以上）	2019年起，每人每月307元（64岁及以下）/312元（65岁及以上）	2019年起每人每月108元；年限基础养老金和高龄基础养老金政策叠加使用
	个人账户养老金	月标准为个人账户储存额除以国家规定的计发月数		

（续表）

制度细则	地区		
	北京	天津	河北
基金管理	实行区（县）统筹		

资料来源：《关于建立统一的城乡居民基本养老保险制度的意见》（国发〔2014〕8 号）、《北京市人民政府关于印发北京市城乡居民养老保险办法的通知》（京政发〔2008〕49 号）、《关于印发〈北京市城乡居民养老保险办法实施细则〉的通知》（京劳社农发〔2009〕13 号）、《关于贯彻落实国务院统一城乡居民基本养老保险制度暨实施城乡养老保险制度衔接有关问题的通知》（京人社居发〔2014〕177 号）、《关于进一步完善本市城乡居民基本养老保险政策措施的通知》（京人社居发〔2017〕24 号）、《关于调整 2019 年城乡居民养老保障相关待遇标准的通知》（京人社居发〔2019〕88 号）、《天津市城乡居民基本养老保险实施办法》（津人社局发〔2014〕89 号）、《关于 2019 年调整城乡居民基础养老金和老年人生活补助标准的通知》（津人社局发〔2019〕19 号）、《河北省人民政府关于完善城乡居民基本养老保险制度的实施意见》（冀政〔2014〕69 号）等。

注：① 重度残障人士、贫困人员等缴费困难群体可仍按 100 元档次，由政府代缴。

② 年限基础养老金是指对累计缴费年限超过 15 年的参保人加发年限基础养老金，缴费年限每增加 1 年，月基础养老金增加 1 元；高龄基础养老金是指领取待遇人员年满 65 周岁后，基础养老金在基数的基础上每人每月增加 1 元，年满 75 周岁后增加 2 元，年满 85 周岁后增加 3 元。

三、京津冀基本养老保险关系转移接续现状评价

改革开放以来，劳动力流动与迁徙的现象越来越普遍，而我国的基本养老保险仍然处于主要依靠省市各自统筹、多制度并存的状态，基本养老保险关系的跨统筹区域和跨制度的转移已经成为促进生产要素无障碍流动、改善社会资源配置的重要条件之一。

在养老保险关系的地区间转移方面，中央已经在相关的政策文件中给出了暂行办法和指导意见。2009 年国家颁布了《城镇企业

职工基本养老保险关系转移接续暂行办法》(国办发〔2009〕66号,以下简称《暂行办法》),使得城镇职工养老保险关系可以在全国范围内流动,为京津冀地区间城职保权利的行使带来了很大的“便携性”。但是《暂行办法》仍然存在一些缺点,有待完善。如表2-3所示,首先,《暂行办法》明确规定统筹账户资金按照缴费基数的12%进行转移,显然低于单位缴费20%的比例,保险关系转入地可能需要用当地的财政补贴缺口承担额外的养老负担,利益将会受损。这将从内在制度上促使转入地提高接收养老保险关系的门槛,为保险关系的接续设置障碍。其次,保险关系转移和待遇领取地的确定与户籍挂钩,户籍制度仍然阻碍着劳动力的充分流动。最后,养老待遇与待遇领取地的经济发展水平直接挂钩,没有反映劳动者对原就业地的经济贡献,劳动者不能享受原就业地经济社会发展的成果。此外,如前文所述,京津冀的城职保在“新人”“中人”的群体划分上存在差异,各地养老保险具体实施办法上的差异将会在一定程度上增加保险关系跨区域转移的难度。

表2-3　城职保关系转移接续规定

适用对象		规定
资金转移	个人账户	1998年1月1日之前按个人缴费累计本息计算转移,1998年1月1日后按计入个人账户的全部储存额计算转移
	统筹账户	以本人1998年1月1日后各年度实际缴费工资为基数,按12%的总和转移

（续表）

适用对象		规定
关系转移	返回户籍地	由户籍地接收
	未返回户籍地	由新参保地接收，对男性年满50周岁和女性年满40周岁的，在原参保地继续保留基本养老保险关系，同时在新参保地建立临时基本养老保险缴费账户，参保人员再次跨省流动就业或在新参保地达到待遇领取条件时，将临时基本养老保险缴费账户中的全部缴费本息，转移归集到原参保地或待遇领取地
待遇领取地确定	关系在户籍地	基本养老保险关系在户籍地的，享受户籍地基本养老保险待遇
	关系不在户籍地	关系所在地累计缴费年限满10年的，享受当地基本养老保险待遇 关系所在地累计缴费年限不满10年的，享受当地上一个缴费年限满10年的原参保地待遇；若每个参保地的累计缴费年限均不满10年，则将其基本养老保险关系及相应资金归集到户籍地，享受户籍地基本养老保险待遇
待遇计发		基本养老金根据本人各年度缴费工资、缴费年限和待遇领取地对应的各年度在岗职工平均工资计算

资料来源：《城镇企业职工基本养老保险关系转移接续暂行办法》。

注：适用对象为参加城职保的所有人员（包括农民工）。

在地区间城乡居民养老保险的协调对接方面，国发〔2014〕8号文规定，参加城乡居民养老保险的人员，在缴费期间户籍迁移、需要跨区域转移城乡居民养老保险关系的，可在迁入地申请转移养老保险关系，一次性转移个人账户全部储存额，并按迁入地规定继续参保缴费，缴费年限累计计算；已经按规定领取城乡居民养老保险待遇的，无论户籍是否迁移，其养老保险关系不转移。虽然个人缴费、集体和政府补助均已计入个人账户，保费缴纳总额在保险关系的转移中没有发生损失，但是基础养老金的发放完全依赖待遇领取地各级财政的补贴，所以参保人在不同地区获得的养老金待遇存在差别，保险关系跨统筹区域流动仍将减轻转出地的财政负担、增加转入地的财政负担。

统计数据显示，中央文件[①]虽然为京津冀跨统筹区域的基本养老保险关系转移提供了方案，但是现实中保险关系的转移并不顺畅。以城职保的转移接续为例。如表 2-4 所示，北京和天津在 2014 年保险关系转入的覆盖率仅分别为 21％和 3％；2015 年保险关系转入的覆盖率仅分别为 82％和 5％；2016 年天津保险关系转入的覆盖率仅为 17％。这里定义保险关系转入的覆盖率为跨省职工基本养老保险关系转入人口数与新增常住外来人口数的比值。由于人口存在流入与流出，且在流入的人口中存在一部分取得户籍的人员，因此理论上“每年实际应办理养老保险关系转入的人口数”大于“新增常住外来人口数”，这里测算的覆盖率仍然是偏低的。由此可见，北京、天津两市养老保险关系转移的覆盖率虽然逐年提升，但并不十分畅通，天津养老保险关系转移难的问题更加严重。

表 2-4　2014—2017 年北京和天津职工基本养老保险关系转移状况

年份	北京				天津			
	跨省转入（万人）	跨省转出（万人）	新增常住外来人口（万人）	覆盖率（％）	跨省转入（万人）	跨省转出（万人）	新增常住外来人口（万人）	覆盖率（％）
2014	3.4	4.8	16.00	21	0.98	1.36	35.27	3

① 《城镇企业职工基本养老保险关系转移接续暂行办法》（国办发〔2009〕66 号）；《人力资源社会保障部关于城镇企业职工基本养老保险关系转移接续若干问题的通知》（人社部规〔2016〕5 号）。

（续表）

年份	北京				天津			
	跨省转入（万人）	跨省转出（万人）	新增常住外来人口（万人）	覆盖率（%）	跨省转入（万人）	跨省转出（万人）	新增常住外来人口（万人）	覆盖率（%）
2015	3.2	5.1	3.90	82	1.09	1.19	24.17	5
2016	3.1	5.6	−15.10	/	1.23	1.27	7.19	17
2017	3.3	6.7	−13.20	/	2.42	1.46	−9.31	/

在养老保险关系的制度间转移方面，人力资源和社会保障部颁布了《城乡养老保险制度衔接暂行办法》（人社部发〔2014〕17号），主要解决了以农民工为主体、同时参加城职保与城乡居民养老保险群体的保险关系转移接续的需求。如表2-5所示，当养老保险关系转移接续面临跨统筹区域、跨制度的叠加时，情况相对复杂，可能出现参保人和转入地财政利益受损的情形。例如，参保人A在北京参加城职保五年后回到户籍地河北务农，继续参加城乡居民养老保险。当其达到可以进行养老保险制度间转移接续年龄节点时，只能将城职保转为城乡居民养老保险，并且只转移个人账户上的资金，享受河北城乡居民养老保险的相应待遇。参保人A的保险利益受

表2-5　基本养老保险关系制度间的转移接续规定

适用对象	规定
转移时点	达到城职保法定退休年龄后
转移条件	城职保缴费年限满15年（含延长缴费至15年）的，可申请从城乡居民养老保险转入城职保，按城职保办法计发待遇；城职保缴费年限不足15年的，可申请从城职保转入城乡居民养老保险，待达到城乡居民养老保险规定的领取条件时，按照城乡居民养老保险办法计发待遇

（续表）

<table>
<tr><th colspan="2">适用对象</th><th>规定</th></tr>
<tr><td rowspan="2">资金转移与年限折算</td><td>城乡居民养老保险→城职保</td><td>城乡居民养老保险个人账户全部储存额并入城职保个人账户
城乡居民养老保险缴费年限不合并折算为城职保缴费年限</td></tr>
<tr><td>城职保→城乡居民养老保险</td><td>城职保个人账户全部储存额并入城乡居民养老保险个人账户
城职保的缴费年限合并计算为城乡居民养老保险缴费年限</td></tr>
<tr><td colspan="2">关系转移与待遇领取地的确定</td><td>按城职保有关规定确定待遇领取地，并将城职保的养老保险关系归集至待遇领取地</td></tr>
</table>

资料来源：《城乡养老保险制度衔接暂行办法》。

注：适用对象包括参加城职保、城乡居民养老保险两种制度需要办理衔接手续的人员。

损，是因为其享受的养老保险待遇与其在北京参加过五年城职保的工作与缴费付出存在不对等；转入地财政利益受损，是因为在跨制度转移的情形下，参保人 A 城职保的单位缴费部分完全不转移，河北财政完全承担了参保人 A 的养老保险给付，这将增加河北财政的负担。

第二节　京津冀社会医疗保险协同发展现状与评价

相比于养老保险，医疗保险具有三方机制性要求更高、即时消费性更强、制度统一性更低和内部激励性更小的特点，因而医疗保险关系的转移接续比养老保险更加困难，区域社会医疗保险的协同发展将面临更多挑战。本节首先梳理京津冀统一的社会医疗保险框架，并以城镇职工基本医疗保险为例，进行京津冀地区间医疗保险具体标准的对比分析；其次总结和分析京津冀社会医疗保险关系转移接续的制度现状与实行效果；最后阐述京津冀地区异地就医结算制度的举措与成果。

一、京津冀社会医疗保险体系框架

城乡二元结构等一系列历史、社会的原因，致使我国的社会医疗保险体系呈现多元分割的局面，根据就业标准、户籍标准，主要划分为城镇职工基本医疗保险（以下简称“城镇职工医保”）、城镇居民基本医疗保险（以下简称“城镇居民医保”）和新农合三大社会医疗保险制度。国务院 2016 年发布了《关于整合城乡居民基本医疗保险制度的意见》(国发〔2016〕3 号),要求各地开启城镇居民医保和新农合的整合。如图 2-1 所示,目前京津冀已经形成了以城镇职工医保、城乡居民基本医疗保险(包括城镇居民医保和新农合,以下简称“城乡居民医保”)为核心、以城乡居民大病保险为补充的社会医疗保险体系。就业人员参加城镇职工医保,本地户籍的非就业人员和其他符合相应规定的人员参加城乡居民医保。城乡居民大病保险是针对城乡居民医保的参保人员的补充医疗保险。

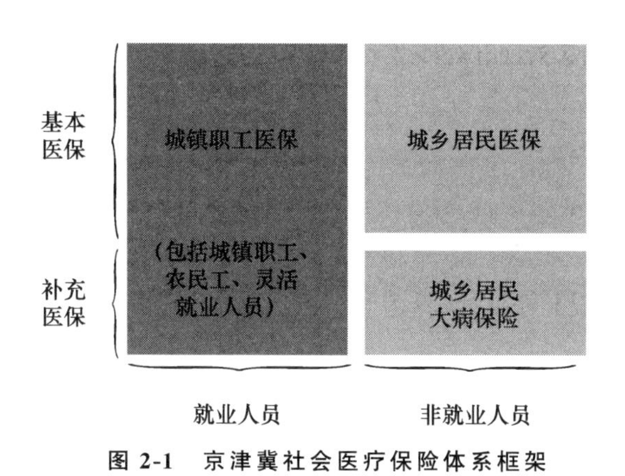

图 2-1　京津冀社会医疗保险体系框架

城镇职工医保的对象覆盖了当地城镇所有用人单位的职工和退休人员,还包括灵活就业人员和农民工。一般地,城镇职工医保基金由用人单位与职工共同筹集,分为统筹基金和个人账户两部分。而灵活就业人员的医保缴费比较特殊,保费全部由个人承担,且不设立个人账户。此外,京津冀三地都建立了针对就业人员的大额医疗费用互助制度等补充医疗制度。

根据国务院的要求,目前京津冀地区均已完成城镇居民医保与新农合的整合,形成了统一的城乡居民医保。城乡居民医保的参保人员主要由城乡老年人、无业人员和学生儿童三大类构成，保费来自个人缴费、政府补助和集体资助等。保障期限为缴费当期，城乡居民医保不建立个人账户。

城乡居民大病保险是在城乡居民医保基础上的补充医疗，为大病患者提供基本医保报销后的二次报销。目前，京津冀地区的城乡居民大病保险均不需要个人额外缴费，资金从城乡居民医保基金按比例划拨。

虽然京津冀三地具有统一的社会医疗保障体系与框架，但是各地之间仍然存在一些不同：一是统筹层次差距大。北京和天津的社会医疗保险已经实现了省级（直辖市）统筹，而河北目前仍然处于市级统筹的阶段。二是各地医保制度在缴费标准、给付标准等方面存在明显差异。河北由于尚处于市级统筹阶段，省内就有包括 11 个地级市和单独管理的省直单位及员工在内的 12 个具体实施办法。而北京和天津的具体办法也存在差异，以城乡居民医保的个人缴费标准为例，北京一共划分为两档，分别是城乡老年人和学生儿童每人每年 180 元，劳动年龄内居民每人每年 300 元；而天津一共划分为四档，分别是学生儿童每人每年 200 元，成年居民低档每人每年 220 元，成年居民中档每人每年 500 元，成年居民高档每人每年 850 元[①]。

二、京津冀社会医疗保险制度具体标准：以城镇职工医保为例

在社会医疗保险制度具体规则制定方面，京津冀三地仍然存在

① 《关于印发 2019 年度居民基本医疗保险宣传提纲的通知》（津人社办发〔2018〕268 号）。

较大差异。本部分以发展较为成熟的城镇职工医保为例，主要从缴费、保险待遇给付以及个人账户划转三个方面进行横向的比较分析。

首先是缴费方面。由于京津冀三地职工的平均工资存在很大差异，地区之间医疗保险的缴费基数差距明显；在缴费比例方面，个人缴费比例都是2%，而单位缴费比例则各不相同。北京的单位缴费比例为10%（包含1%的大额医疗）；天津的单位缴费比例为11%；河北只设立了不低于6.5%的下限要求，各县市的单位缴费比例为6.5%—8%（韩璐，2016），低于北京和天津的水平。在大额医疗的缴费方面，北京和天津的缴费水平也存在较大差异。北京规定职工个人每月需要缴3元的保费，天津则规定在职职工每年缴260元，退休职工缴360元。

其次是保险待遇给付方面。如表2-6、表2-7、表2-8所示，京津冀在门（急）诊和住院费用报销的起付线、报销比例和封顶线的规定上都不同。从住院费用报销的封顶线来看，统筹基金和大额医疗互助基金，北京的封顶线为50万元，天津的封顶线为45万元。河北各县市的待遇差距并不统一，石家庄市的封顶线为65万元（包括大病保险40万元）①，而邯郸市的封顶线为38万元（其中大病保险30万元）②。

---

① 石家庄新闻网．石家庄市基本医疗保险政策解读[EB/OL]．(2018-03-30)[2019-01-20]．http://www.sjz.gov.cn/col/1514765251304/2018/03/30/1522367952432.html

② 邯郸市人民政府网．邯郸市关于提高职工基本医疗保险统筹基金年度支付限额和大额医疗保险年度支付限额的通知[EB/OL]．(2018-07-17)[2019-02-20]．http://rsj.hd.gov.cn/web/info.aspx?id=1548&tag=yibao

表 2-6　2019 年京津城镇职工医保缴费及门诊待遇给付对比

地区	职工分类	缴费		门(急)诊报销		
		个人缴费	单位缴费	起付线	报销比例	封顶线
北京	在职职工	本人上年度月平均工资的 2%+3 元(大额医疗) 2019 年缴费基数上下限分别为 27 786 元、5 557 元	全部职工缴费工资基数之和的 9%+1%(大额医疗)	1 800 元	社区卫生服务机构:90% 非社区卫生服务机构:70%	2 万元
	退休职工(70 岁以下)	3 元(大额医疗)	不缴纳	1 300 元	社区卫生服务机构:80%+10% 非社区卫生服务机构:70%+15%	
	退休职工(70 岁以上)				社区卫生服务机构:80%+10% 非社区卫生服务机构:80%+10%	
天津	在职职工	本人上年度月平均工资的 2%+260 元(大额医疗) 2019 年缴费基数上下限分别为 16 821 元、3 364 元	全部职工缴费工资基数之和的 11%	800 元	分段报销： 800—5 500 元报销比例为一级医院(75%)，二级医院(65%)，三级医院(55%)，药店(65%) 5 500—7 500 元统一报销比例为 55%	7 500 元
	退休职工(60 岁以下)	360 元/年(大额医疗)	不缴纳	800 元		
	退休职工(60 岁至 70 岁)			700 元		
	退休职工(70 岁以上)			650 元		

资料来源：《北京市基本医疗保险规定(2005 修改)》(北京市人民政府令第 158 号)、《北京市医保人员报销相关政策》(首都医科大学附属北京安贞医院网站，http://www.anzhen.org/Html/News/Articles/11454.html)、《关于调整职工基本医疗保险和城镇居民大病医疗保险最高支付限额有关问题的通知》(京人社医发〔2010〕100 号)、《关于统一 2019 年度各项社会保险缴费工资基数和缴费金额的通知》(京社保发〔2019〕7 号)、《天津市基本医疗保险规定》(天津市人民政府令第 49 号)、《天津市人民政府关于修改部分规章的决定》(天津市人民政府令第 26 号)等。

表 2-7 2019 年北京城镇职工医保住院费用给付标准

<table>
<tr><th rowspan="3"></th><th colspan="6">统筹基金</th><th colspan="2">大额医疗互助基金</th></tr>
<tr><th rowspan="2">起付线</th><th rowspan="2">报销类别</th><th colspan="3">报销比例(%)</th><th rowspan="2">封顶线</th><th rowspan="2">报销比例</th><th rowspan="2">封顶线</th></tr>
<tr><th>一级医院</th><th>二级医院</th><th>三级医院</th></tr>
<tr><td rowspan="3">在职职工</td><td rowspan="6">1 300 元</td><td>起付线—3 万元</td><td>90.0</td><td>87.0</td><td>85.0</td><td rowspan="6">10 万元</td><td rowspan="3">85%</td><td rowspan="6">40 万元</td></tr>
<tr><td>3 万—4 万元</td><td>95.0</td><td>92.0</td><td>90.0</td></tr>
<tr><td>4 万元以上</td><td>97.0</td><td>97.0</td><td>95.0</td></tr>
<tr><td rowspan="3">退休职工</td><td>起付线—3 万元</td><td>94.0</td><td>92.2</td><td>91.0</td><td rowspan="3">80%+10%</td></tr>
<tr><td>3 万—4 万元</td><td>97.0</td><td>95.2</td><td>94.0</td></tr>
<tr><td>4 万元以上</td><td>98.2</td><td>98.2</td><td>97.0</td></tr>
</table>

资料来源:《关于调整基本医疗保险住院最高支付限额等有关问题的通知》(京医保发〔2019〕14 号)及其他互联网资料。

注:其中 10%来自退休人员统一补充医疗保险。

表 2-8 2019 年天津城镇职工医保住院费用给付标准

<table>
<tr><th rowspan="2"></th><th colspan="3">起付线(元)</th><th colspan="3">报销比例(%)</th><th rowspan="2">封顶线</th></tr>
<tr><th>一级医院</th><th>二级医院</th><th>三级医院</th><th>12 万元以下</th><th>12 万—18 万元</th><th>18 万元以上</th></tr>
<tr><td>在职职工</td><td rowspan="2">800</td><td rowspan="2">1 100</td><td rowspan="2">1 700</td><td>85</td><td>80</td><td>80</td><td rowspan="2">45 万元</td></tr>
<tr><td>退休职工</td><td>90</td><td>90</td><td>80</td></tr>
</table>

资料来源:《天津市人民政府关于完善职工大额医疗费救助制度意见的批复》(津政函〔2019〕55 号)。

注:报销时 6 万元及以下部分由职工医保统筹基金列支,6 万元以上部分由大额医疗费救助资金列支。

最后是个人账户划转方面。如表 2-9 所示,北京和石家庄将在职职工群体按照 35 周岁和 45 周岁为界限,分为三部分进行不同比例的个人账户划转;天津则以 45 周岁为界限,将在职职工分两部分进行不同比例的个人账户划转。具体划转的比例和基数选择各不相同。其中,北京在职职工与石家庄在职职工的个人账户划转与本人的缴费工资基数挂钩；而天津在职职工的个人账户划转则与单位月人均缴费工资基数挂钩。

表 2-9 2019 年京津冀城镇职工医保个人账户划转方式

地区	人员类别	年龄	个人账户划拨方式
北京	在职职工	小于 35 周岁	0.8%本人月缴费工资基数
		大于等于 35 周岁小于 45 周岁	1%本人月缴费工资基数
		大于等于 45 周岁	2%本人月缴费工资基数
	退休职工	小于 70 周岁	4.3%上年本市职工月平均工资
		大于等于 70 周岁	4.8%上年本市职工月平均工资
天津	在职职工	小于 45 周岁	0.8%单位月人均缴费工资基数
		大于等于 45 周岁	1.2%单位月人均缴费工资基数
	退休职工	小于 70 周岁	3.8%当年本市职工月平均工资
		大于等于 70 周岁	4.8%当年本市职工月平均工资
河北石家庄	在职职工	小于 35 周岁	0.5%本人月缴费工资基数
		大于等于 35 周岁小于 45 周岁	1%本人月缴费工资基数
		大于等于 45 周岁	2%本人月缴费工资基数
	退休职工	/	6%本人月基本养老金

资料来源：《北京市基本医疗保险规定（2005 修改）》（北京市人民政府令第 158 号）、《天津市城镇职工基本医疗保险规定》（津政令第 49 号）、《石家庄市人民政府关于印发石家庄市城镇职工基本医疗保险实施办法的通知》（石政发〔2017〕2 号）。

总体来说，京津冀的医保具体标准有很大不同，无论是缴费还是医保给付待遇都存在差距。此外，由于河北的医保仍然未上升到全省统筹的范围，省内的医保待遇水平不均衡，如上文所述，邯郸市与石家庄市之间医保待遇水平的差距就非常明显。

三、京津冀社会医疗保险关系转移接续现状评价

医疗保险关系转移接续的流畅性和连续性是评价区域医保一

体化的重要指标之一。尽管我国医疗保险体系仍然存在城镇职工医保与城乡居民医保的不同制度划分,由京津冀各自统筹,但是社会医疗保险关系转移接续的政策已经陆续出台,具体包括城乡居民医保与城镇职工医保间的跨制度转移接续、跨统筹区域社会医保关系的转移接续。

在中央层面,2009年《流动就业人员基本医疗保障关系转移接续暂行办法》出台,原则性地规定了不得重复参保、各地不得以户籍等原因设置参保障碍、农民工医保关系跨制度转移以及城镇职工医保跨统筹区域转移等;2010年《关于印发流动就业人员基本医疗保险关系转移接续业务经办规程(试行)的通知》(人社险中心函〔2010〕58号)出台,进一步落实了相关办法;2015年《关于做好进城落户农民参加基本医疗保险和关系转移接续工作的办法》(人社部发〔2015〕80号)出台,对进城落户农民医保关系转移接续问题进行了补充,并明确规定了"流动就业人员参加职工医保的缴费年限各地互认,参保人在转出地职工医保记录的缴费年限累计计入转入地职工医保缴费年限记录";2016年相应业务经办规程[①]出台。

在地方层面,京津冀三地响应中央政策,于2010年、2011年相继出台了医保关系转移接续的具体办法。以跨统筹区域社会医保关系的转移接续为例,在医保关系转出方面,城镇职工医保关系转出均只能带走个人账户的积累资金,统筹账户资金不得划转;在医

① 《关于印发流动就业人员基本医疗保险关系转移接续业务经办规程的通知》(人社厅发〔2016〕94号)。

保关系转入方面,京津冀设置了不同的门槛。北京要求最高,规定跨统筹地区参加北京城镇职工医保的人员“达到法定退休年龄时符合本市按月领取基本养老金条件,且在本市实际缴纳(或补缴)基本医疗保险费满10年以上,并累计缴费年限符合女满20年、男满25年”才可以享受退休人员医疗保险待遇[①];天津的转入门槛相对较低,跨统筹地区参加天津城镇职工医保的人员退休后可享受相应的基本医疗保险待遇,需要满足“累计缴费年限符合女满20年、男满25年,并且在本市实际缴费满5年”的要求[②];河北的转入门槛最低,在流动就业人员的医保转移接续问题上,“各地不得以户籍、年龄、性别或区域等原因设置参保障碍”[③]。因此从制度上看,京津冀区域医保关系转移接续仍存在差异和阻力。

从统计数据来看,京津两地医疗保险关系的转移接续并不顺畅。如表2-10所示,北京和天津2014年保险关系转入的覆盖率分别仅为11%和2%;2015年保险关系转入的覆盖率分别仅为45%和4%;2016年天津保险关系转入的覆盖率仅为11%。这里定义保险关系转入的覆盖率为跨省基本医疗保险关系转移关系转入人口数与新增常住外来人口数的比值。显然,由于人口存在流入与流出,理论上每年实际应办理养老保险关系转入的人口数大于新增常住外来人口数,这里测算的覆盖率仍然偏低。由此可见,北京和天

---

① 《北京市基本医疗保险关系转移接续有关问题的通知》(京人社医发〔2011〕127号)。

② 《关于做好流动就业人员基本医疗保障关系转移接续工作有关问题的通知》(津人社局发〔2010〕41号)。

③ 《关于〈印发流动就业人员基本医疗保障关系转移接续暂行办法的通知〉的通知》(冀人社字〔2010〕169号)。

津基本医疗保险关系转移的覆盖率虽然逐年提升，但此项机制仍不十分畅通。此外，对比城职保和城镇职工医保的跨省转入人数，我们发现后者明显少于前者，其中在北京前者是后者的1.7倍，在天津前者是后者的1.6倍。[①] 可见，医保关系的转移比养老保险关系转移更难，且北京比天津难度更大。

表2-10　2014—2017年北京和天津基本医疗保险关系转移状况

年份	北京				天津			
	跨省转入（万人）	跨省转出（万人）	新增常住外来人口（万人）	覆盖率（%）	跨省转入（万人）	跨省转出（万人）	新增常住外来人口（万人）	覆盖率（%）
2014	1.76	2.3	16.0	11	0.68	0.47	35.27	2
2015	1.77	2.7	3.9	45	0.86	0.54	24.17	4
2016	1.80	3.3	−15.1	/	0.80	0.87	7.19	11
2017	2.20	4.2	−13.2	/	1.14	1.11	−9.31	/

资料来源：历年《北京市社会保险事业发展情况报告》和《北京统计年鉴2018》，历年《天津市社会保障情况》《天津市国民经济和社会发展统计公报》。

四、京津冀地区异地就医现状评价

不同于养老保险等社保制度，医疗保险是一个三方机制，即医疗保险需要将医疗机构也纳入制度协调范围，形成涉及保险人、医疗机构和保险机构的复杂机制。当医疗服务成为医保给付待遇中的重要因素后，异地就医的便利性也就成为评价区域医保一体化的另一个重要指标。

① 该数值是2014—2017年五年数据的均值。

京津冀地区存在异地就医的广泛需求:一方面,包括异地安置退休人员等在内的在异地长期居住的人员,由于居住地与参保地不同,有着强烈的异地就医需求。例如,地处河北的燕郊地区居住了几十万北京医保人员,他们就近在燕郊地区就医就属于跨省异地就医。另一方面,医疗资源在空间和统筹区域上的分配不均,会产生医疗资源稀缺地区居民向医疗资源密集地区流动的异地转诊需求。异地就医的便利意味着地区间医疗资源实现了更有效的配置,京津冀居民所享受的医疗服务待遇的差别在一定程度上得以缩小,进而可以促进区域医保一体化。

异地就医结算制度已经在全国范围内逐步推行,涉及省内异地就医直接结算和跨省异地就医住院费用直接结算等方面。人力资源和社会保障部自 2009 年起相继颁布了《关于基本医疗保险异地就医结算服务工作的意见》(人社部发〔2009〕190 号)、《关于进一步做好基本医疗保险异地就医医疗费用结算工作的指导意见》(人社部发〔2014〕93 号)和《关于做好基本医疗保险跨省异地就医住院医疗费用直接结算工作的通知》(人社部发〔2016〕120 号),逐步拓宽了异地就医结算群体的覆盖范围,不断深化了异地就医直接结算的整合层次。随着人社部发〔2016〕120 号文的出台,“跨省异地就医直接结算工作已由政策制定和系统开发阶段正式转入落实政策、系统的部省对接和经办试运行的新阶段”①,人力资源和社会保障部提

① 《人社部部署跨省异地就医直接结算工作》,《中国医疗保险》,2017 年第 1 期,第 71 页。

出在“2016年年底，基本实现全国联网，启动跨省异地安置退休人员住院医疗费用直接结算工作；2017年开始逐步解决跨省异地安置退休人员住院医疗费用直接结算，年底扩大到符合转诊规定人员的异地就医住院医疗费用直接结算，逐步将异地长期居住人员和常驻异地工作人员纳入异地就医住院医疗费用直接结算覆盖范围”①。2016年12月15日，国家基本医疗保险异地就医结算系统正式上线试运行，全国所有省级平台、所有统筹地区都已经接入国家基本医疗保险异地就医结算系统。截至2018年6月底，跨省异地就医定点医疗机构数量增至10 015家，二级及以下定点医疗机构达到7 575家。② 其中，京津冀在2017年1月成为第一批接入全国异地就医直接结算系统的地区，分别有19家、17家、11家三级甲等医院成为首批跨省异地就医住院医疗费用直接结算定点医疗机构。③ 异地就医住院费用直接结算主要包括人员备案、系统对接、预付金拨付、社保卡全国通用四个环节：异地就医前，参保人员应提前在参保地经办机构办理备案手续，参保地经办机构将人员备案信息实时上报部级经办机构；异地就医出院结算时，定点医院系统、国家异地就医结算系统、参保地经管机构系统实时联通，计算参保地规定下个人

① 《关于做好基本医疗保险跨省异地就医住院医疗费用直接结算工作的通知》(人社部发〔2016〕120号)。

② 国家医疗保障局.基本医疗保险跨省异地就医住院医疗费用直接结算公共服务信息发布[EB/OL].(2018-08-15)[2018-12-14].http://www.gov.cn/xinwen/2018-08/15/content_5313903.htm

③ 首期基本医疗保险跨省异地就医住院医疗费用直接结算地区和定点医疗机构开通情况[EB/OL].(2017-05-09)[2017-08-01].http://www.mohrss.gov.cn/SYrlzyhshbzb/dongtaixinwen/buneiyaowen/201705/t20170509_270647.html

和医保基金的支付金额，方便直接结算；对于医保基金支付部分，各省市采用“先预付后清算”的方式；同时还将加强国家和省级异地就医结算平台建设，加快社会保障卡发行进度，建立跨省用卡服务机制。政策主要覆盖的人群包括异地安置退休人员、异地长期居住人员、常驻异地工作人员、异地转诊人员。在异地就医待遇政策方面，人社部发〔2016〕120号文规定在基本医疗保险药品目录、诊疗项目和医疗服务设施标准方面实施就医地的相关规定，在医保基金的起付标准、支付比例和最高支付限额原则上执行参保地政策。①

京津冀区域异地就医结算水平在全国较为领先。由于北京和天津均已实现基本医疗保险的全市统筹，因此基本上不存在直辖市内异地就医的问题。河北则相继出台了《关于印发〈河北省基本医疗保险异地就医服务管理暂行办法〉的通知》（冀人社字〔2014〕6号）、《关于印发〈河北省医疗保险异地就医直接结算经办规程（试行）〉的通知》（冀人社发〔2015〕35号），于2014年开始实行省内异地就医直接结算。在跨省异地就医方面，早在2017年1月，河北就与北京签署了京冀医保直接结算服务协议，河北燕达医院最先开通了京冀医保系统互联互通异地就医直接结算服务的试点，持有北京社保卡的居民可以在燕达医院直接结算门诊、住院等医疗费用。而在此之前，在燕达医院异地就医的北京参保人员需要先行垫付全额医疗费用，再走手工报销的程序。

① 《关于做好基本医疗保险跨省异地就医住院医疗费用直接结算工作的通知》（人社部发〔2016〕120号）。

截至2019年年底，京津冀地区异地就医住院费用的直接结算已取得成效，门诊费用的直接结算开始试点推进。住院费用结算方面，截至2018年年底，河北参保人在北京就医住院直接结算12.92万人次，发生医疗费用高达40.92亿元；在天津就医住院直接结算3.61万人次，发生医疗费用高达9.23亿元。[①] 门诊费用结算方面，2018年10月，天津和河北签署了津冀跨省异地就医门诊直接结算项目备忘录，在两地间先行试点；2019年6月《京津冀医疗保障协同发展合作协议》签订，这意味着京津冀三地将探索依托国家跨省异地就医直接结算系统平台，改造提升京津冀医保信息系统，推进三地门诊医疗费用直接结算。[②]

① 邢杰冉.我省16.53万人次在京津就医直接结算[EB/OL].(2019-01-24)[2019-05-30].http://hbrb.hebnews.cn/pc/paper/c/201901/24/c119906.html

② 解丽.京津冀合作推进异地门诊直接结算[EB/OL].(2019-06-23)[2020-01-06].http://www.bj.xinhuanet.com/bjyw/2019-06/23/c_1124659848.htm

第三节 京津冀社保协同发展阻滞因素分析

基本养老保险和基本医疗保险是我国社保体系中最核心的两大社会保险制度，其覆盖人群之广泛、涉及基金体量之巨大以及对人们日常生活影响之大，使得对这两大保险制度进行讨论十分必要；而养老保险、医疗保险分别呈现双方协调、三方协调的特点，使得两大保险制度的机制设计在整个社保体系中具有代表性。

下面我们以基本养老保险和基本医疗保险为例，从保险所涉及的各方以及制度本身的角度，分析京津冀社保协同发展中的阻滞因素。

一、政府视角："分灶吃饭"的财政制度下地方利益冲突、津冀社保基金承压能力有限

政府作为社会保险产品和服务的主要供给者，其意愿和能力在京津冀社保协同发展的进程中起着决定性的作用。社会保险关系

的转移接续是实现区域社保协同发展的必要环节，涉及各统筹区域之间社保资金的转移分配，保险责任的转移和承担对地方的财政利益产生着直接影响。从政府视角来看，京津冀社保协同发展的阻滞因素一方面来自各统筹区域之间的地方利益冲突，另一方面也是由于地区政府财政基础与潜在责任“不匹配”，津冀社保基金承压能力有限。

社会保险关系跨统筹区域转移总是伴随着相应社保基金以及未来给付负担的转移。由于我国的基本养老保险和基本医疗保险都没有上升到全国统筹的高度，京津冀的各类社保基金分属各省（市）自行管理。社会保险关系的跨省转出代表利益（过去上缴的养老、医疗等保险资金）和义务（未来养老、医疗等保险给付负担）的转出。但是在目前的制度下，利益和义务之间存在错位，导致地方之间的利益冲突。

第一，保险关系转出地对统筹资金存在截留。在现有规定下，职工基本养老保险关系转移时，统筹账户的资金按照12%的比例进行转移，这意味着转出地截留了8%的统筹资金，全部转出了养老负担，这对于保险关系转入地是十分不利的；城镇职工医保转移时，只能带走个人账户的积累资金，统筹账户资金不得划转，这意味着从北京转出职工医保关系时10%的资金（天津为11%，河北为6.5%以上）将被转出地截留。这种截留有利于社保关系转出地，而有损社保关系转入地的利益，造成转入地与转出地之间权利义务明显的不对等。

第二，社保关系的转移往往伴随着部分义务的无条件转移。在现有规定下，职工基本养老保险“中人”的养老待遇给付存在“视同缴费年限”的财政补贴，如果“中人”进行跨区域转移，那么转出地享受了“中人”年轻时工作带来的社会收益，但是转入地承担了补偿“中人”过渡性养老金的负担；城乡居民养老保险的基础养老金给付完全来自财政补贴，一旦跨统筹区域的保险关系转移发生，保险关系转入地就承担了参保人所有的基础养老金给付义务而不获得任何权益，进一步加重了保险关系转入地社保基金的负担。

基于以上原因，现行制度在区域公平性上的缺失和统筹层次较低成为造成地方利益冲突的直接原因，成为阻碍京津冀社保协同发展的内在逻辑。

此外，河北和天津社保基金有限的承压能力将有可能成为阻碍京津冀养老保险一体化的直接因素。根据《京津冀协同发展规划纲要》的战略部署，河北和天津将承接大量从北京转出的劳动力来疏解北京非首都核心功能。作为战略中主要的流动人口转入地，河北和天津的基本养老保险与基本医疗保险基金将面临重大压力。如图 2-2 所示，河北和天津人口老龄化严重，2017 年城职保赡养率分别是北京的 1.7 倍和 2 倍左右；而且河北和天津的赡养率并未出现下降的趋势，甚至在 2015 年之后还出现小幅上升，因此两地社保基金的调节能力比较弱。如图 2-3 所示，河北和天津的基本养老保险基金累计结余远少于北京，且增长乏力。

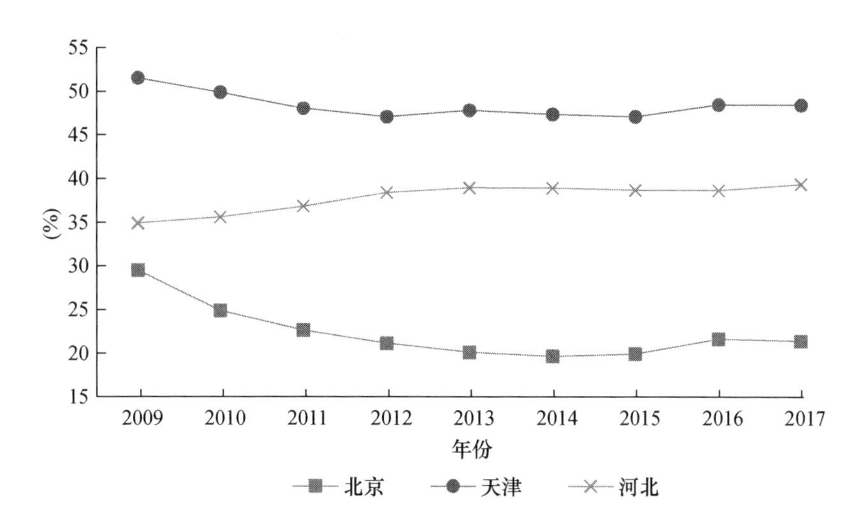

图 2-2 2009—2017 年京津冀城职保赡养率

资料来源:国家统计局。

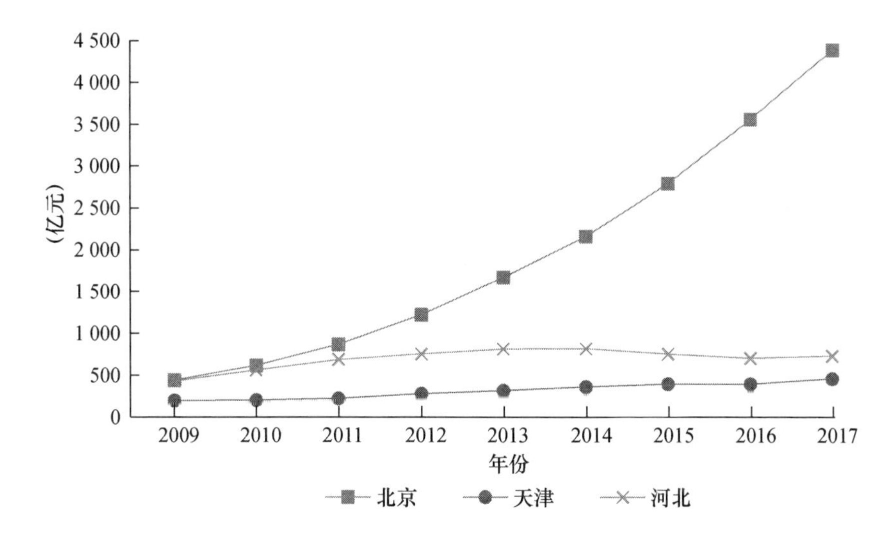

图 2-3 2009—2017 年京津冀基本养老保险基金累计结余

资料来源:国家统计局。

二、参保人视角：区域经济发展不均衡下的给付待遇差异

作为社保产品和服务的需求端，参保人的幸福感和获得感是京津冀社保协同发展的基础目标，而参保人在既定制度与政策下进行自身利益最大化的决策行动，最终会影响京津冀社保协同发展的进程与效果。然而，京津冀经济发展水平不均衡导致了三地之间社保给付待遇差异大，进而阻滞了参保人从高待遇水平地区向低待遇水平地区的流动，阻碍了劳动力地区间的流动。

在职工基本养老保险方面，养老待遇与待遇领取地的经济发展水平直接挂钩，基本养老金根据本人各年度缴费工资、缴费年限和待遇领取地对应的各年度在岗职工平均工资计算，与待遇领取地的人均工资水平直接相关。如图 2-4 所示，京津冀三地的职工平均工资处于三个完全不同的水平。2017 年，北京城镇单位就业人员的年平均工资分别达到了天津的 1.4 倍、河北的 2.1 倍。在城乡居民养老保险方面，2017 年北京市基础养老金分别是天津的 1.8 倍、河北的 5.7 倍，而到了 2019 年已经分别扩大至 2.6 倍和 7.4 倍。

在职工基本医疗保险方面，医保待遇给付也存在地区间的不均衡，北京最优，天津次之，河北最弱。由于医保的特殊性，在评价医保待遇给付时，不仅要比较医疗费用的给付，而且要衡量各地医疗服务的质量。在医疗费用的报销给付上，以住院费用的报销比例为例，北京不同等级医院就医的报销比例高于天津、河北各市相应等级医院就医的报销比例。而在医疗资源的分布上，京津冀存在更大的不平衡。从硬件设施上看，如图 2-5 所示，北京每千人床位数显

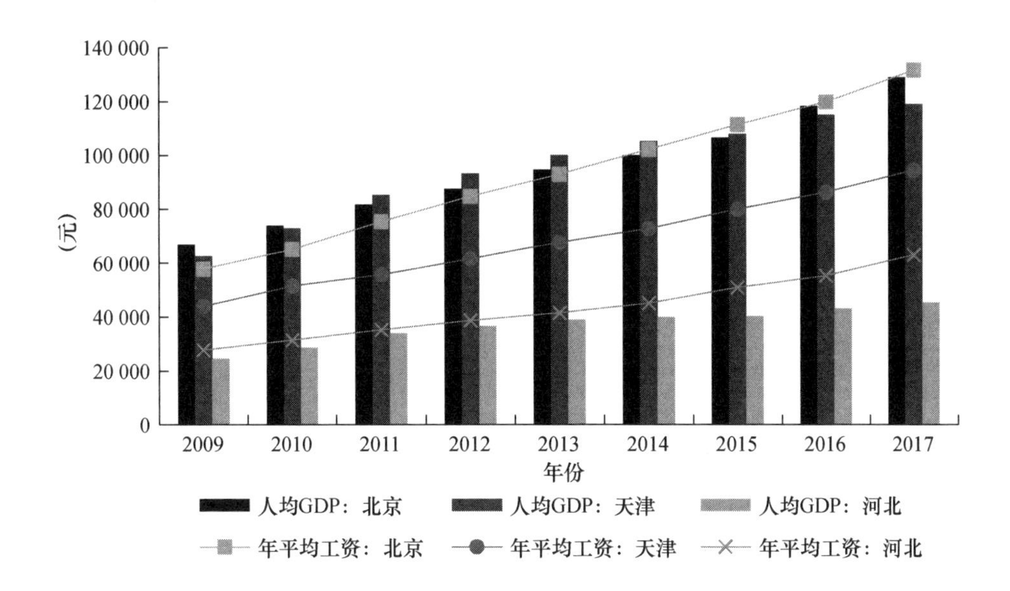

图 2-4　2009—2017 年京津冀人均 GDP 和年平均工资情况

资料来源：国家统计局。

著高于津冀两地，河北次之，天津最少；2017 年北京每千人床位数为 5.56 张，天津为 4.39 张，河北为 5.25 张；近年来，河北在医疗硬件设施上发展较快，每千人床位数实现了快速增长，与北京之间的差距逐步缩小。从软件上看，如图 2-6 所示，北京每千人执业医师数远高于津冀两地，医疗资源密集；尽管近几年天津和河北每千人执业医师数（含助理）的指标非常接近，但是在每千人执业医师数（不含助理）的指标上，天津仍然明显高于河北，可见天津在医师结构上仍然优于河北。京津冀在异地就医直接结算方面已经取得了较大进展，在一定程度上缓解了医疗资源分布不均的局面。

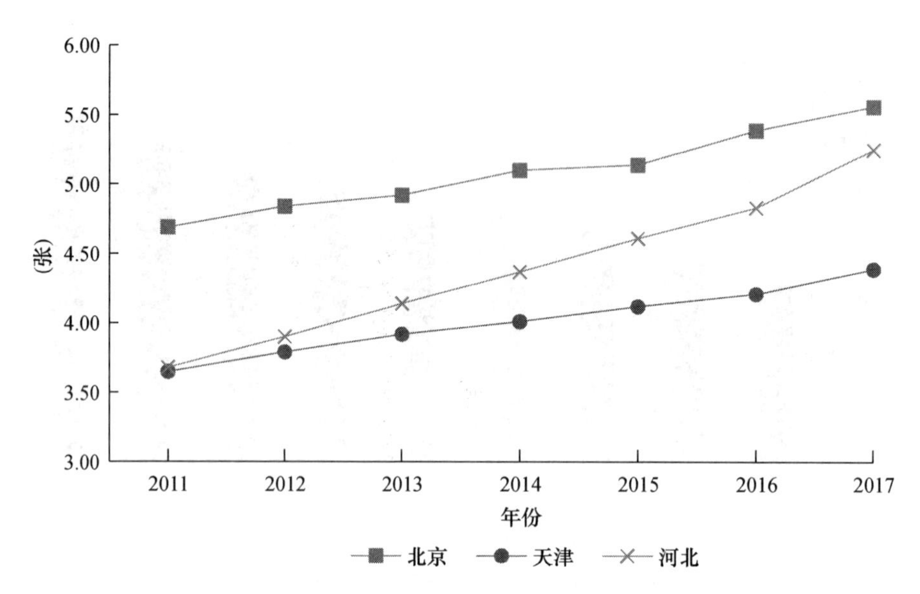

图 2-5　2011—2017 年京津冀每千人床位数

资料来源:历年《中国卫生和计划生育统计年鉴》。

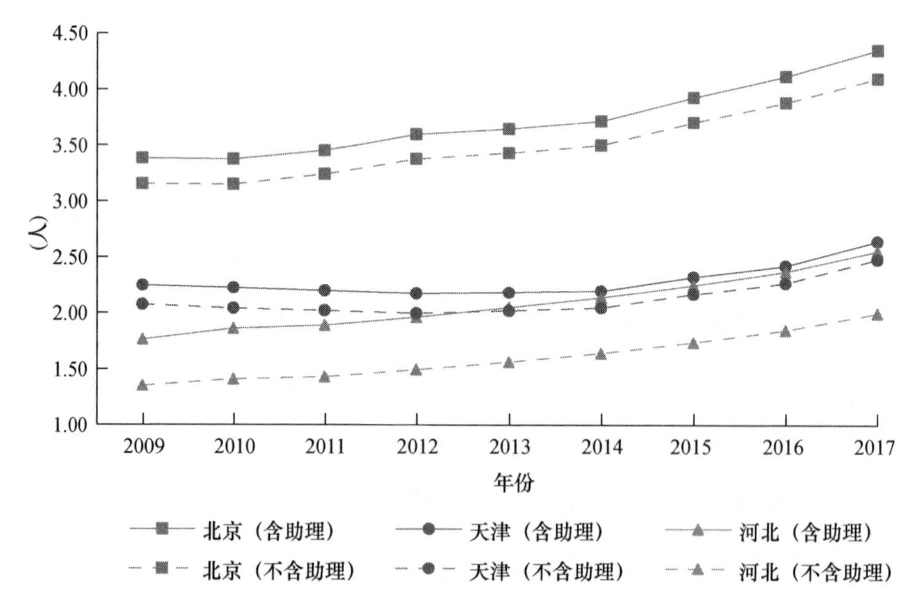

图 2-6　2009—2017 年京津冀每千人执业医师数

资料来源:国家统计局。

如图2-7所示，从劳动力流动的方面来看，2010年第六次全国人口普查和2015年1%人口抽样调查的数据显示，京津冀三地人口流动的基本流向仍然是从河北流向北京和天津。尽管北京流向河北的劳动力在这五年内增长超过70%，但由于基数非常小，因此从总量数据来看，由北京流向河北的劳动力仍然非常少。劳动力的流动与地方经济发展、地区间社保的协同发展具有双向影响：一方面，在

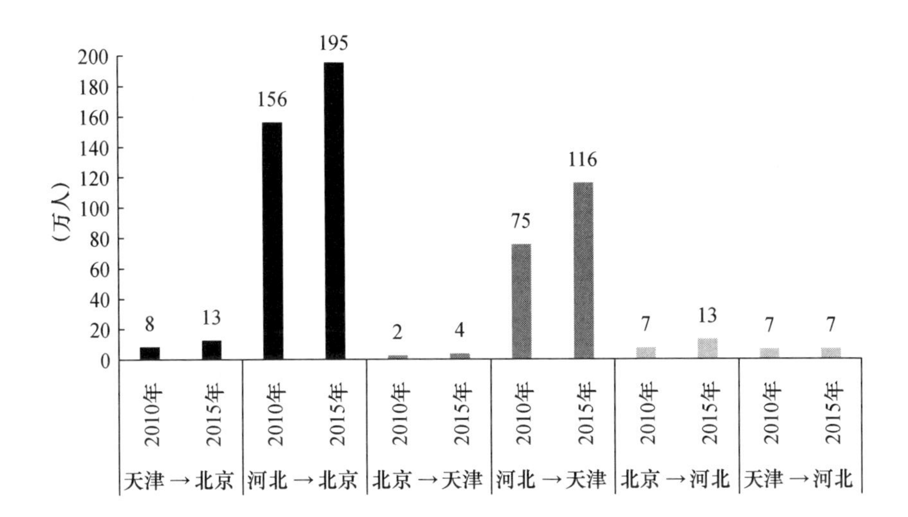

图2-7　2010年和2015年京津冀人口流动去向

资料来源：《2015年北京市1%人口抽样调查资料》《2015年天津市1%人口抽样调查资料》《2015年河北省1%人口抽样调查资料》《北京统计年鉴2018》《2015年天津市国民经济和社会发展统计公报》、国家统计局第六次全国人口普查数据。

注：北京和天津的流入人口估计，我们使用合理假设"常住外来人口数量等于现居住本市户籍地在外省的人口数量"，利用抽样样本中特定外省流入人口数量在外来人口数量中的占比乘以本市常住外来人口数量，得到估计的流动人口数量；由于河北不公布常住外来人口数量，因此我们利用样本中特定外省流入人口数量除以河北抽样比例数量，得到估计的流动人口数量。由北京和天津流入河北的人口数量很少，我们认为由估计方法带来的偏差不会影响整体结论。

劳动力自由流通的市场中,劳动力有流向高工资水平和高社保待遇的地区的偏好与动机;另一方面,劳动力不断流入地区更加容易吸引与吸收其他的生产要素和资源禀赋,继而促进当地经济发展,地区将有能力提供更高水平的社保待遇。因此,在京津冀发展不均衡的初始条件下,如果地区间的人口流动方向没有明显变化,那么京津冀区域经济发展不均衡的局面将加剧,成为阻碍京津冀社保协同发展的内在矛盾。

三、制度视角:制度细节差异产生摩擦

社保制度设计作为连接政府与参保人的桥梁,是社会保险实践的参考准则。在统一的制度框架下,一些制度细节的差异也会对京津冀社保协同发展产生负面影响。

基本养老保险方面。京津冀的城职保实施办法对"新人""中人"的区分标准不同,这将为"新人""中人"群体的保险关系跨省流动带来不便;北京城乡居民养老保险的政策规定在2015年之前参保的女性达到55周岁即满足领取养老金待遇的年龄条件,而天津和河北一律规定需达到60周岁,这种各省(市)之间不同的过渡方式将使适用相应过渡方案部分群体的保险关系在跨省流动时产生利益损失。

基本医疗保险方面。首先,京津冀的医疗保险机制存在多级统筹并行的现状,增加了社保协同发展的阻碍。目前,北京和天津的城镇职工医保已经实现省级(直辖市)统筹,而河北目前仍然处于市级统筹的阶段。其次,与基本养老保险体系相比,基本医疗保险的

内部制度割裂得更为彻底。城镇职工医保除了缴费期可以得到即时给付，在退休后仍然享受医保待遇；但是城乡居民医保只能在缴费当期获得保障。最后，北京、天津与河北各市在缴费比例、医保给付比例等方面存在差异。

第三章　区域社保一体化：国际经验与国内实践

第一节　国际社会保障协调的原则与思路
——以欧盟为例

一、国际流动人口社会保障与欧盟的实践

人口的跨区域流动无疑是区域社保一体化的原始驱动力之一。由于人口流动有国内流动和国际流动两种基本形式，因此从广义上理解，区域社保一体化既包括国家内部的社保整合，也包括国际社保领域的合作。进一步地，从具体机制上看，“一体化”的概念不仅仅局限于社保体系上的完全统一化，也涉及各个独立社会保障制度之间的衔接和协调。根据国家内部政治体制和社会形态的不同，国内的区域社保一体化同样可以借鉴国际社保协调的经验，采取切合实际的方式推进区域社保一体化进程。

技术进步和经济全球化已经让世界成为一个整体，由此导致的全球范围内的人口流动使社会保障成为各国政府都普遍关注的问题，国际社会保障协会（International Social Security Association，IS-

SA)[①]将流动人口的社会保障作为重要议题之一。ISSA 把这一问题理解为对流动人口社会保障的一种“扩面”(the extension of social security coverage to migrant workers)，当然，站在不同角度上也可以将其视为区域社保一体化的一种表现形式。由于国与国之间存在巨大的差异，追求整个社保系统的整合明显不具备可行性，因此各国普遍采用签署社保协议的方式来实现国家间的社保合作。目前，我国已经与德国、韩国、加拿大、芬兰、瑞士、丹麦、荷兰等多个国家签署了双边社保协定。[②] 而欧盟作为当今世界上最具代表性的区域一体化组织，也是在国际社保协调领域实践最早、理论体系最先进、运行机制最完善的地区，目前其已经建立起比较成功的流动劳动力社保协调机制，为经济社会的一体化提供了有利的条件。

早在 1951 年建立欧洲煤钢共同体的《巴黎条约》中，欧洲国家就已经开始了跨国社会保障合作的探索，试图通过对劳工的生活保障、工伤和失业补助及再就业提供指导性意见来促进劳动力自由流动，也为后来社保领域的协调奠定了基础。随着在政治、经济、文化、社会管理等诸多领域的合作，欧共体(欧盟前身)成员国之间的人口流动日趋频繁，由此引起的社会政策协调问题也成为被普遍关注的核心焦点之一。社会保障和社会福利制度作为欧盟社会政策的重要组成部分，经历着不断的探索与改进，积累了宝贵的经验。

① ISSA 1927 年成立于欧洲，在 90 多年间已发展成为一个真正的世界性协会，汇聚了 158 个国家和地区的 330 个社会保障机构，协会一直致力于促进卓越的社会保障管理，使其会员能够在全球发展充满活力的社会保障制度。

② 参见人力资源和社会保障部官方网站：http://www.mohrss.gov.cn

经过二十多年的发展和调整,终于在20世纪70年代初的欧共体1408/71号条例[①]和欧共体574/72号条例[②]中形成了机制性的整体框架。在经过多次修订和更新以后,欧盟又于2004年的883/2004号条例中对日趋复杂的共同体协调规则进行了比较彻底的修订,使其更加现代化和简化。[③] 欧盟社保一体化方面的立法进程如表3-1所示。

表3-1 欧盟社保一体化方面的立法进程

年份	立法	内容
1951	《巴黎条约》	对特殊行业劳工的工资水平、生活保障、工伤、失业补助及再就业提出指导性意见
1957	《罗马条约》	建立欧洲社会基金,促进劳动者在共同体内的就业便利及在地域和职业选择方面的灵活性
1961	欧共体15/61号条例	对在其境内的成员国公民给予国民待遇,允许本国公民到欧共体其他国家工作
1971—1972	欧共体1408/71号条例 欧共体574/72号条例	详细提出关于在雇员、个体经营者及其家庭成员在欧共体内部迁移方面适用的社会保障方案及适用方法
1983	欧共体2001/83号条例	对上述条例的重要修订

① Council Regulation (EEC) No. 1408/71 of 14 June 1971 on the application of social security schemes to employed persons, to self-employed persons and to members of their families moving within the community

② Council Regulation (EEC) No. 574/72 of 21 March 1972 laying down the procedure for implementing regulation (EEC) No. 1408/71 on the application of social security schemes to employed persons, to self-employed persons and to their families moving within the community

③ Cremer's, J. Coordination of national social security in the EU: rules applicable in multiple cross border situations. (AIAS working paper; No. 10-89). Amsterdam: Amsterdam Institute for Advanced Labor Studies, University of Amsterdam

（续表）

年份	立法	内容
1992	欧共体 1249/92 号条例	对上述条例的重要修订
2003	欧盟 859/2003 号条例	将适用范围扩展到合法居住在某个成员国境内的第三国公民
2004	欧盟 883/2004 号条例	对欧共体 1408/71 号条例的彻底修订
2010	欧盟 987/2009 号条例	

资料来源：郭信胤(2015)。

二、欧盟国家间社保协调的基本原则与特点

被称为“欧盟社保法令”的 1408/71 号条例全称为“关于在雇员、个体经营者及其家庭成员在共同体内部迁移方面适用的社会保障方案”，它确立了欧盟成员国之间社会保障制度协调的五大原则，至今仍被视为基本准则，也形成了欧盟区域社保一体化的显著特色。

（一）协调而非统一原则

由于各国之间在社保制度上存在巨大差异，自身权力和法令也有很大的局限性，因此欧盟选择了在各成员国现有社会保障制度的基础上进行协调的方式保障流动劳动力的权益，而并非严格意义上的一体化。也就是说，每个成员国在覆盖对象、项目设定、资格条件、待遇水平、缴费标准等具体的社会保障措施方面仍旧保留着非常大的独立性，欧盟仅确立一系列成员国必须遵守的共同原则，以确保各成员国的“个体行为”不会对在欧盟内部自由流动的人员产生消极影响。

（二）非歧视性原则

这是社保国际合作的基本准则之一，也是寻求国家间协调的目的之所在，该原则保证在某一成员国居住且可以适用本条例的个人与该国国民一样根据该国的立法有着相同的义务和福利。

（三）单一国家原则

单一国家原则即只有一个国家的社会保障制度可以在同一时间适用于流动劳动者。欧盟采用了工作地原则的规定，指当事人以其所工作的国家为标准加入该国社会保障计划，而无论劳动者或者雇主的居住地是哪里。例如，养老保险按照工作地原则，医疗保险中的现金津贴由医保关系的所在国分发，非现金津贴与养老保险一样按照工作地原则。当劳动者从一个成员国向另一个成员国流动时，迁出国的各项非缴费型福利停止计算，迁入国的各项福利就会开始计算，从而确保了劳动者被覆盖在某一个成员国的社保政策内，同时也确保了劳动者在同一时期只被一个国家的社保政策覆盖。

（四）累积原则

累积原则即劳动者工作所在国家在计算其社会保障权益时应考虑并累积其在其他成员国参与保险的时段。在计算劳动者是否符合必要的工作与居住期限和支付保险金的期限时，该原则保证了流动劳动者不因工作地的频繁变动而丧失应得的社会保障权益。

（五）可输出原则

可输出原则即不能因为获益者居住在一个不是负责支付这种福利的机构所在地国家的事实，而减少、改变、暂停、收回、撤销或者没收个人根据一个或多个成员国的法律应获得的伤残人员、老年人与其他人员的现金保险金、工作事故保险金、职业病养老金和死亡抚恤金。当劳动者转移进入另一个成员国时，其社会保障关系进入该国的社保体系，离开时仍然保留其社保记录，能够支付的短期福利当期支付，不能支付的长期福利待退休后按本国应负担的比例支付给居住国社保机构。可输出原则旨在使流动劳动者能够保持流动前的社会保障权益，与累积原则相结合，解决了自由流动劳动力不同时间段在不同国家参保的权益问题。

通过以上五个原则可以基本了解欧盟社会保障制度协调的原则与思路，其中非歧视性原则和单一国家原则作为基础性的原则被广泛地接纳和适用，不仅在社保领域，而且在其他广泛的经济社会合作领域中几乎都是如此。而累积原则和可输出原则在实际的实施过程中占据着重要的地位，各国据此制定不同的政策和方法，当然，这在实践中也带来了很大的难度。

欧盟社会政策领域一直以来都由欧盟和成员国共同承担，以成员国为主，欧盟扮演辅助和补充角色。因此，欧盟跨国社会保障安排自始至终都是各个成员国的责任领域，欧盟的机构通过法律法规和指令对成员国的行动进行指导，通过有限的资源对极少量的跨国人群进行补贴。在计算跨国流动劳动者的社会保障待遇方面，采取国与国之间协议的原则累计计算流动劳动者的保险待遇，并在失业或其他方面由劳动者的东道国提供救助。这样一来，欧盟跨国社会保障的制度安排就成为一项行政和技术工作而非政策性工作。在跨国社会保障协调的实践中，国与国之间协议面对的主要难题仍旧在两个方面：一是社会保障的双重覆盖与社会保障税的双重征收问题，也就是单一国家原则的要求；二是社会保障待遇支付方面出现的资格问题，劳动者由于跨国流动而很难在一国积累起必要的领取社会保障待遇资格，还有些国家对外籍工人附加了诸如国籍、缴纳年限等要求，使得流动劳动者由于在不同国家分别累计的工作时间达不到一国规定的最低标准而无法获取合理的经济保障，欧盟提出的累积原则是解决这一问题的一种方法。

总之，欧盟作为一个区域性国际组织所拥有的特点，决定了其选择这种“原则统一、协议自定”的方式来实现内部的区域社保协调，既可以说是适合各国国情的一种温和折中性方案，也可以看作对国家权力的妥协。这一方面确实有力地促进了欧盟整体上的社保合作，但另一方面也使得各种具体规则极其复杂，迫使欧盟近年来推动协议的简化和修订。另外，欧盟也积极鼓励成员国与非欧盟国家签订社保协议，以此促进更大范围内的人员流动。

三、欧盟在养老保险和医疗保险方面的具体操作

（一）养老保险方面

在养老保险方面，实际操作中欧盟各成员国间进行养老保险制

度协调的具体操作可以大致概括为下列几个步骤：

1. 暂时冻结

如果一位劳动者更换工作，由A国来到B国，那么该劳动者在A国的养老保险缴费记录将被A国保留。另外，他在A国工作时所缴纳的保险费仍被A国保留，不会随着工作变换而转移到B国，也不会在退休前支付给本人；当该劳动者达到退休年龄时，其历史缴费纪录被解除冻结并由此享受相应的福利待遇。

2. 分别支付

如果劳动者参加几个成员国的社会养老保险计划都超过一年，那么他在这些国家都能获取养老金，达到退休年龄时按规定的标准领取。劳动者最终获取的养老金是在各成员国按缴费年限计算所得的养老金之和，且养老保险待遇不得低于同时期一直在本国工作的劳动者的养老保险待遇水平。举个例子，如果劳动者在其职业生涯中分别在五个国家工作，且在这五个国家参加社会养老保险都超过一年，那么他在退休时将分别收到五份养老金。而且，各国按比例支付养老金，一个劳动者在欧盟多个成员国工作且投保时间长短不一，那么他的养老金应根据其在各国参加养老保险时间占全部养老保险缴费时间的比例来计算，在某国参保时间越长，在该国领取的养老金也就越多。

3. 最后接管

如果劳动者在欧盟某一成员国工作且参加养老金计划的时间没有达到该国的要求（一般为1年），那么他并不会失去这部分养老金待遇，而是由劳动者退休前工作的最后一个成员国负责“接管”劳动者在成员国内工作不满1年的养老保险缴费记录，累计计算所有的缴费年限后合并支付养老金。举个例子，一名劳动者在A国参加社会养老保险10个月，在B国7个月，在C国17年，最后在D国工作8年后退休，那么D国应接管当事人在A国的10个月和在B国的7个月参保时间。

4. 累计计算

欧盟一些国家对于社会养老保险有最低参保年限的规定，比如德国要求参保5年以上。这样一来，一些更换工作的劳动者就有可能达不到某一成员国最低参保年限的规定。为此，欧盟规定，劳动者在各成员国的缴费年限可以连续累加计算。例如，一位劳动者参加养老保险共缴费10年，其中4年在德国参保缴费，其余6年在其他国家，那么该劳动者仍会被认为达到德国最低参保年限的规定。

在发放养老金时，根据上述规定，通过“提出申请、信息汇总、分配程序、比较支付程序”等四个步骤确定劳动者所能享受的实际养老金待遇。

（二）医疗保险方面

在医疗保险方面，欧盟针对疾病与生育两个项目作出了详细的规定，并对在职人员、失业人员、退休人员及其家属分别加以考虑，也对部分特殊情况（如临时入境旅游人员）的医疗保障作出了规定。具体包括以下内容：

1. 累计计算

欧盟公民跨国转移医疗保险关系时适用参保时间累计计算的规定，无论医疗保险的给付条件是基于保险时间、就业时间还是居住时间，医疗保险经办机构都必须考虑当事人在其他成员国的情况，采取累计的办法以保证当事人改变工作迁往其他成员国时不会失去医疗保险资格。这也保证了退休人员在最终结算缴费年限时不会因缺失参保年限而无法享受退休以后的医疗保险待遇。

2. 现金津贴

现金津贴主要为了弥补由于疾病所产生的收入（比如工资、薪酬）中断，原则上将按照当事人保险关系所在国的相关规定进行支付，而不必考虑他身在何处。这适用于所有人群，包括边境工人、季节工人、外派工人、退休人员或家庭成员。福利的数量和时间完全取决于医疗保险关系所属国家的法律，并且一般通过当事人的医疗保险经办机构直接支付。

3. 非现金津贴

非现金津贴包括内科和牙医的补贴，以及其他医药、住院治疗和用来补偿上述费用的直接支付。这些项目原则上将按照当事人所居住或逗留国家的相关规定提供，如同当事人在那个国家参加保险一样。与当事人实际医疗保险关系所属的国家相比，病人所享受的条件可能更好，也可能更差。上述规定适用于各类人员——雇员与自雇人员、失业人员、退休人员，以及上述人员的家属，无论其居住国家是哪个。正常情况下，当事人所居住或逗留国家的医疗保险经办机构会收到当事人实际投保机构的补偿。

4. 欧洲健康保险卡

自2004年6月1日开始,欧盟陆续向公民发放欧洲健康保险卡(European Health Insurance Card, EHIC),替代了以前的E111等表格,以便其公民在欧洲经济区和瑞士旅行时可以获得医疗保险,简化相关手续。每个成员国都有发放欧洲健康保险卡的义务。卡片拥有相同的技术规格和外观,用来保证在欧盟所有成员国的医疗保险单位都能被立即识别。参保人在外国一旦发生医疗费用,即可通过该卡报销并由保险关系所在地医疗机构偿付。

5. 出国就医

有一种特殊的情况,即当事人出国是为了寻求治疗,那么只有事先经过自己医保机构的许可,相关费用才可以报销。正常情况下,这取决于医保机构的态度。但是,如果所申请的治疗项目在医保范围内、与病人目前的健康状况关系密切并且在需要的时间内现有医保机构无法提供,那么这一申请是不能被拒绝的。具有资质的医疗保险管理机构必须向当事人发放E112表格。

6. 参保人员退休后到他国长期居住

退休后到他国长期居住的参保人员,按照欧盟规定享受居住地医疗保险待遇,所需费用通过参保地医疗保险经办机构与居住地经办机构协商,由参保地按照一定标准支付给居住地,参保人员被纳入居住地经办机构管理。

社会保障国际协议的实施方法复杂多样,每个国家都有不同的法律法规,每一个险种都有不同的计算方式和资格要求,内容和方式都十分复杂,还要将这些法律法规根据国际协议衔接起来,手续十分烦琐。进入21世纪以来，随着欧盟的东扩，成员国之间的经济社会发展水平、社会保障水平和劳动力市场发育程度等差距扩大，欧盟引入和推广了对成员国有软性约束的“开放式协调”（Open Method of Coordination，OMC）治理模式，通过制定行动方针、设置比较基准、制定具体发展目标及行动措施、定期监管及相互学习等四个步骤来优化欧盟整体上的协调机制，以促进各成员国在社会保险政策领域的合作与趋同。

第二节　其他国家和地区社保一体化的经验与启示

一、典型发达国家的全国社保一体化——以加拿大为例

区域社保一体化问题在许多发达国家并非主要问题，特别是对于养老保险制度而言，多数国家如美国、英国、德国、澳大利亚等均将其视为国家责任的范围，在全国范围内进行统筹，而没有将事权赋予各地方政府，也就不存在地区间转移接续难等问题。此外，福利国家、全民医保等理念的影响及信息技术的进步也促进医疗保险的全民性，比如英国国民健康服务（National Health Service，NHS）建立的免费医疗制度、德国以终身缴税为基础的强制性法定医疗保险、法国的《社会保障法典》和《健康保险法》建构的健康保险体制、日本职域和地域保险分流下的"住民基本状况网络等级制度"等。典型发达国家政府间社会保障事权划分如表 3-2 所示。

表 3-2 典型发达国家政府间社会保障事权划分

国家	结构形式	政府层级	养老保险	失业保险	医疗保险	公共卫生	社会救助和社会福利
美国	联邦制	联邦、州和地方	联邦负责	联邦/州，以州为主	联邦制定政策，州举办	省和地方负责，联邦补助	联邦与州共同负责，州具体管理，联邦补助
加拿大	联邦制	联邦、省和地方	联邦负责	联邦负责	省负责，联邦补助	省和地方负责，联邦补助	抚恤由联邦负责，社会福利由各省负责，联邦提供补助
英国	单一制	中央政府制定统一政策，具体事务由中央派出机构执行，地方政府提供补充性社会服务					
德国	联邦制	联邦、州和市镇	联邦制定政策，社会管理	联邦负责	联邦制定政策，地方执行	州和市镇提供	抚恤由联邦负责，社会救济由州和市镇负责
法国	单一制	中央、省和市镇	中央制定政策，独立经办机构管理	中央政府负责	中央制定政策，独立机构管理	市镇提供	省政府负责社会救济，中央政府负责制定救助标准并提供社会福利补贴
澳大利亚	联邦制	联邦、州和地方	事权主要集中在联邦政府，州及地方政府提供社区及卫生服务				
日本	单一制	中央、都道府县、市町村	中央负责管理并补贴				中央地方共同负担，具体事务由市町村政府负责

资料来源：蔡社文(2008)。

在发达国家的社会保障制度中，加拿大实现全国社保一体化的方式充分体现了对中央以及各地区利益的协调，对我国区域社保一体化具有较大的借鉴意义。加拿大是一个地域辽阔的联邦制国家，截至 2022 年人口数约 3 893 万，全国行政区划分为不列颠哥伦比亚、阿尔伯塔、萨斯喀彻温、曼尼托巴、安大略、魁北克、新不伦瑞克、新斯科舍、爱德华王子岛、纽芬兰与拉布拉多十个省以及育空地区、西北地区、努纳武特三个地区。加拿大地广人稀，经济发展水平较高，税收制度完善，在社会保障方面秉承福利国家的理念，自 20 世纪 50 年代以来已经建立了覆盖广泛、制度完善、保障普及的社会保障体系（于洪，2011）。加拿大的社会保障主要由养老、医疗、失业、住房、工伤保障以及社会救助和社会福利组成，政府在社会保障体系中占据主导地位，整体上实现了体系化和制度化，能够为国民提供完善的福利，一体化水平较高。

加拿大的社会保障制度一直在联邦、省或双方共同合作的框架下发展，两级政府间的博弈构成其大部分历史，在管理体制上呈现鲜明的联邦制特点：一方面，社会保障体系依靠联邦、省、市三级政府来分类负担和管理，三级政府都有各种社会保障计划，联邦政府和省政府之间是平等的伙伴关系，而不是上下级的领导关系，宪法规定了各级政府各自的基本职责。联邦政府每年从税收中返还一定比例给各省政府，用于支持社会保障的需要。由于各省都享有较大的自主权，因此加拿大社会保障的具体方案因省而异，而且历年均有所变化，情况十分复杂。另一方面，联邦通过一系列的基本法规如《老年保障法》《退休金法》《就业保险法》《卫生法》《养老金管理条例》《个人所得税条例》等来实现对整体社会保障制度的规范，确保社会保障体系在国家层面上的一体化。联邦政府也设立了专门的管理机构，如全国卫生和福利部、国民收入司等，以税收的形式收缴养老保险金和失业保险金，并进一步实现对全国社会保障事务的集中管理。

一方面，养老保障从1927年通过《养老金法案》(Old Age Pensions Act)到1966年正式建立以雇佣为基础的全民养老金计划，再经过20世纪70—90年代的补充、改革与发展，加拿大已经建立起全面覆盖的多层次养老保障制度。加拿大的养老保障制度主要由三支柱构成：第一支柱是老年保障计划(Old Age Security，OAS)，包括基本养老金、收入保障补贴、配偶和遗属津贴，由联邦政府负责为95%以上的老人提供养老金，每年在国家税收总额中列支；第二支柱是加拿大养老金计划(Canada Pension Plan，CPP)和魁北克养老金计划(Quebec Pension Plan，QPP)，是一种针对在职人员的强制性现收现付保险制度，为退休人员及其家属提供退休金，为因工死亡的就业人员及其家属、因工致残者提供津贴；第三支柱是私人养老金计划，包括记名养老金计划(RPPs)、记名退休储蓄计划(RRSPs)、延期利润分享计划(DPSPs)等。另外，加拿大还有独立运营的公共服务部门养老金计划(Public Service Pension Plan，PSPP)。[①] OAS完全基于国家税收，由联邦进行一体化的管理，而具备养老保险色

① 参见于洪(2011)以及加拿大政府官方网站中对养老保障制度的介绍，https://www.canada.ca/en/services/benefits/publicpensions.html

彩的 CPP 和 QPP 虽然形式上依托地方政府和企业,但也通过税务局记录每一个社会保险号码和社会保障卡的缴费情况,确保其可携带性,允许缴费者在加拿大境内转换工作时仍然有权享受已缴纳部分的全部收益,能够覆盖其在加拿大的整个工作期间。这样,在联邦政府的统筹之下就形成了全国一体化的养老保障制度。

另一方面,医疗保障制度的发展历程和现实实践,能反映出加拿大建立一体化的全民公共医疗保险体系的智慧,也体现出医疗保障制度对联邦及各地方关系的有效协调。

加拿大公共医疗保险计划始于 1947 年的萨斯喀彻温省卫生服务计划(SHSP),经由 1949 年不列颠哥伦比亚省的住院医疗服务保险制度而引发关注并逐步推广至全国。随后,1957 年通过的《医院保险和诊断服务法案》(Hospital Insurance and Diagnostic Services Act)在保护地方管辖权的前提下使得联邦政府得以介入医疗保障领域,规定了联邦政府和省政府的费用分担问题,也确定了医院服务的普遍适用原则。1966 年加拿大出台了《医疗保障法案》(Medical Care Act),进一步规范了联邦政府和省政府在医疗服务中的费用分担,强化了地方公共医疗服务的全民性要求,初步建立了全国性的医疗保障体系。到 1984 年,具有历史意义的《加拿大卫生法案》(Canada Health Act)出台,全民医疗保障体系从总体目标、指导思想、覆盖内容到执行原则得到全面的规范和完善。基于此,加拿大逐步建立并完善了包括全国十个省和三个地区医疗保险计划的完整体系,即"国家医疗保险计划"(National Health Insurance Plan),为公民提供各种必要的住院和门诊服务。

加拿大的医疗保障制度以政府转移支付为杠杆撬动各省和地区的自治权,确保了"国家原则"的实践,使得联邦政府可以在全国范围内指导和约束各省区的医疗保险计划,是一次成功的政治运作。联邦政府通过"加拿大卫生转移支付"(Canadian Health Transfer,CHT)为各省和地区提供财力支持,地方政府负责实际执行和提供各种医疗保障服务。[①] 虽然地方的医疗保障体系可以有其独特之处,但各省和地区均受《加拿大卫生法案》规定的公共管理(public administration)、全面性(comprehensiveness)、统一性(universality)、便携性(portability)、可及性(accessibility)五大原则的约束。例如,地方计划必须由一个公共权威机构以非营利的形式管理运作,对省区政府的转移资金负责,以便收集信息和实施监管;全国任何地方都必须向所有人口提供受保医疗服务;地方的投保人口在全国其他省和地区都能享有医疗服务,费用分担问题由地方政府之间通过谈判解决。而且,地方政府每年必须向联邦政府报告患者付费及额外收费的估算和说明,自愿报告当地与《加拿大卫生法案》规定的标准和条件有关的医疗保险计划运行状况,并公开声明本省区医疗服务得到联邦政府的转移支付(路爱国,2007)。

国家医疗保险计划通过立法的形式,使联邦政府能够利用对医疗项目的投入影响各地医疗计划的框架、政策和条款,从而能够对各省和地区的偏离行为加以纠正,增强全国医疗服务的平等性(张

① CHT是1996年开始执行的加拿大健康和社会转移支付计划(Canadian Health and Social Transfer,CHST)的一部分,参见柯卉兵(2010)以及Canada's Health Care System, Health Canada, 2011。

启春,2011;张浩,2015)。它基本保证了全国所有居民在同一标准和条件下享有公共医疗保险,获得受保医疗服务,实现了全国各地的一体化。以安大略省医疗保险计划(Ontario Health Insurance Plan,OHIP)为例[①],安大略省医疗保险的大部分津贴可在加拿大各地使用,投保人到访的其他省和地区常会直接要求安大略省付款,若投保人必须支付在加拿大其他省或地区的医疗服务费用,则可以将收据提交到安大略医疗保险计划办公室以获得偿付款项。如果投保人是安大略省的受保居民,其后来搬到加拿大其他省或地区,就应该尽快在新的省或地区申请医疗保险。投保人的安大略省医疗保险将继续有效,直至投保人定居在新的省或地区后的第二个整月的最后一天。在任何时候,投保人只能获得一个省或地区的医疗保险覆盖。当投保人申请新的医疗保险时,新居住地应通知安大略省卫生和长期护理部。反之,假如投保人从其他省和地区搬迁至安大略省的同时立即申请医疗覆盖,而且在以前的省或地区拥有医疗保险,投保人的安大略省医疗保险计划覆盖将从定居后的第三个月的第一天开始。在这三个月的等待期内,投保人在以前的省或地区有效的医保卡将继续为其提供医疗保障覆盖。

整体上看,加拿大的社会保障制度立足于联邦法律,养老保险和失业保险均由联邦直接负责,医疗保险则依靠联邦政府的财政转移支付制度来规范和限制地方政府的自主权,不仅能建立全国一体化的社保体系,对社会公共服务水平的均等化也能发挥重要的作用。

---

① https://www.ontario.ca/page/health-care-ontario

二、部分发展中国家和地区社保分化与整合的经验教训

从全球范围来看，广大发展中国家在社会保障领域呈现出极大的差异性。多数国家都未建立起覆盖全体国民的社会保障体系，处于扩大社会保障覆盖面的发展阶段。因此，区域社保一体化问题在许多发展中国家表现得并不十分明显，而且往往在社保制度建立和扩大的过程中随之改善，不过在一些区域合作性组织中反而有过一定的探索和尝试。

以印度为例，印度的养老保障体系一直处于演变过程之中，结构相当复杂，不仅覆盖面很小（只覆盖了全国10%左右的劳动力），而且中央和各邦都制定了繁杂的法律，导致养老金计划林立、制度碎片化程度严重。整体而言，面对政府职员的公务员年金计划和针对有组织部门的职工养老金相对较为完善，针对非组织部门和农业人口的养老保障则非常落后。2000年以后，印度逐步引入一套新的年金制度，改变原有的年金政策，可以视为一体化社保领域的一种简单探索。全国养老金制度（The National Pension System，NPS）采用有限缴费型模式，凡是2004年及以后参加工作的中央政府雇员都必须参加，28个邦中有19个邦的政府对于新招收雇员都采用类似的年金计划。NPS面向全国，人们在任何地点都能开立账户并得到永久个人退休账户号码（Permanent Retirement Account Number，PRAN），在全国各地通用。该计划基于个人退休账户基础之上，个人退休账户在各地都可灵活开设。作为服务提供商（Points of Presence，POPs），银行、邮局等机构都可开户和存入缴费。当雇员

流动到不同地方或不同行业时，互联网可以确保年金的转移接续。另外，印度政府还设立了一个托管机构负责中央信息记录，由基金经理管理基金，年金提供商负责提供60岁以后的待遇发放。

一些发展中地区的区域性组织也致力于国家间的社会保障合作，对社保区域一体化进行了探索和尝试。在中东地区，为了提高所有海湾阿拉伯国家合作委员会（Gulf Cooperation Council，GCC）成员国在他国工作公民的社会保障，2006年1月，巴林、科威特、阿曼、卡塔尔、沙特阿拉伯和阿拉伯联合酋长国六个GCC成员国颁布了统一的社会保障法，以保障国民在面临可能发生的年老、残障以及死亡的风险时的基本生存权利。要成功执行这项法律，要求六国各社会保障行政部门之间进行重要的政治、法律、行政合作与协调。为此，每个社会保障机构的执行部门都制定了法律执行方针，包括登记缴款人和收取缴款的程序，还建立了独立的监督机构以保证政策的执行。在东盟国家，2007年年底，在新加坡举行的第13届东盟首脑会议上，东盟各国签署了具有划时代意义的《东盟宪章》，但其中并未就社会保障的国际协调方面建立统一的规定，只是在东盟内部进行了尝试。作为湄公河流域最大的劳动力接收国泰国，与柬埔寨、老挝、缅甸这三个劳动力输出国签订了《劳工谅解备忘录》，为跨国就业的劳动者提供就业保护。此外，新加坡为持有新加坡工作许可证的国外工作者提供了由雇主全缴纳的医疗保险制度，雇员发生规定的工伤事故也能获得相应的赔偿。泰国为完成户籍登记的外国劳动者提供全国健康保险制度，这些劳动者每年能够得到特定金额的诊疗费和医疗检查费。

第三节　国内区域社保一体化的理论与实践

一、我国社保体系概况与社保一体化问题的由来

20世纪80年代中期以来，我国已经基本形成了以社会保险为核心的"广覆盖、保基本、多层次、可持续"的社会保障体系，社会保障覆盖范围持续扩大，建立起了世界上覆盖人群最多的社会保障制度。回顾我国的社会保障制度改革，可以发现其重点在于制度的整体建设与覆盖面的扩大，在维护社会稳定、促进经济发展等方面都发挥了重要的作用。截至2018年年底，基本养老保险、失业保险、工伤保险参保人数分别达到9.43亿、1.96亿、2.39亿，基本医疗保险覆盖人数超过13亿。[①] 我国在社会保险扩大覆盖面方面取得的成就得到了国际社会的充分肯定和高度评价，国际社会保障协会授予了中国政府"社会保障杰出成就奖"。

---

① 参见人力资源和社会保障部网站。

不过，随着社会保障制度的迅速建立与推广，制度架构上存在的问题也逐步显现：一方面，受户籍制度和城乡二元体制等因素的制约，我国在建立社保体系过程中呈现出身份分割、城乡分割的特点。基本养老保险制度中城职保、城居保、新农保三大体系独立运行，基本医疗保险制度中城镇职工医保、城镇居民医保、新农合三大体系独立运行，造成了制度间的分割。另一方面，出于行政体制和政策执行方面的考虑，我国将社保制度的实际建设权赋予各地方政府，中央政府只确定改革原则和基本制度框架，允许和鼓励地方在具体规则制定上体现各自的独特性，而省级地方政府也多效仿中央的做法将事权进一步下放，造成了地域之间的分割；而且，社保制度建立期设定的统筹层次过低，大部分社保制度仍旧停留在县市级的统筹层次上，2003 年新农合建立之初竟然允许乡镇级统筹，无疑大大加剧了社保基金运行的风险和地区间的制度壁垒。

我国社保体系架构上的这种制度分割和地区分割特点，在一定时期内体现了对现实差异性的尊重，保证了社保覆盖面的快速扩大。不过，“碎片化”的社会保障体系适应不了经济社会的发展，特别是当部分人群无法被一种单一制度覆盖时会产生诸多不便，比如农民进城务工、工作转换、跨地域转移等问题。此外，纵向分割与横向分割交叉影响，会进一步导致整体上的割裂，例如各地针对农民工社保采取了不同的措施，分别将其并入城居保或新农保，还有的建立了独立制度，使制度更加割裂。由于社保一体化越来越成为制度统一和发展的制约因素，影响了全国的人口流动和区域一体化，其作为议题逐渐被重视起来。近年来，国家陆续发布了一系列文件来规范和推动社保统筹层次的提高、不同制度间的整合和转移接续，部分地区也在积极进行自下而上的一体化尝试与探索（见表3-3）。

表3-3 涉及社保一体化的政策文件概览

时间	领域	政策文件
2009年12月	养老保险转移接续	《城镇企业职工基本养老保险关系转移接续暂行办法》（国办发〔2009〕66号）
2009年12月	医疗保险异地结算	《关于基本医疗保险异地就医结算服务工作的意见》（人社部发〔2009〕190号）
2009年12月	医疗保险转移接续	《关于印发流动就业人员基本医疗保障关系转移接续暂行办法的通知》（人社部发〔2009〕191号）
2010年9月	医疗保险异地结算	《关于印发城镇企业职工基本养老保险关系转移接续若干具体问题意见的通知》（人社部发〔2010〕70号）
2014年2月	养老保险转移接续	《关于印发〈城乡养老保险制度衔接暂行办法〉的通知》（人社部发〔2014〕17号）
2014年2月	养老保险制度整合	《国务院关于建立统一的城乡居民基本养老保险制度的意见》（国发〔2014〕8号）
2014年12月	医疗保险异地结算	《关于进一步做好基本医疗保险异地就医医疗费用结算工作的指导意见》（人社部发〔2014〕93号）
2015年8月	医疗保险转移接续	《关于做好进城落户农民参加基本医疗保险和关系转移接续工作的办法》（人社部发〔2015〕80号）
2016年1月	医疗保险制度整合	《国务院关于整合城乡居民基本医疗保险制度的意见》（国发〔2016〕3号）
2016年6月	医疗保险转移接续	《关于印发流动就业人员基本医疗保险关系转移接续业务经办规程的通知》（人社厅发〔2016〕94号）

（续表）

时间	领域	政策文件
2016年11月	养老保险转移接续	《关于城镇企业职工基本养老保险关系转移接续若干问题的通知》（人社部规〔2016〕5号）
2016年12月	医疗保险异地结算	《关于做好基本医疗保险跨省异地就医住院医疗费用直接结算工作的通知》（人社部发〔2016〕120号）
2017年1月	养老保险转移接续	《关于机关事业单位基本养老保险关系和职业年金转移接续有关问题的通知》（人社部规〔2017〕1号）
2017年1月	养老保险转移接续	《关于印发〈机关事业单位基本养老保险关系和职业年金转移接续经办规程（暂行）〉的通知》（人社厅发〔2017〕7号）
2017年3月	社会保障综合	《关于印发"十三五"推进基本公共服务均等化规划的通知》（国发〔2017〕9号）

资料来源：根据国务院、人力资源和社会保障部网站的信息整理。

广义上的社保一体化包含了将社保体系通过制度安排形成一个有机整体的所有努力。目前关于社保一体化的讨论比较庞杂，"整合""统筹""并轨""衔接""转移接续"等概念被众多学者用在不同语境中，在内涵上有着或大或小的差异，如表3-4所示。不过，从我国社保制度横向和纵向两个方向上的分割出发，可以将其分为相互交错的两个方面：一是纵向上将不同制度项目之间进行整合；二是横向上打通地区间的壁垒，实现不同地区间社保的自由流动。区域社保一体化作为全国社保一体化的一部分，其内涵不仅包括打破地区分割，同时也伴随着制度整合与衔接方面的内容。另外，从具体路径上，区域社保一体化也可以分为两种不同的方式：一是彻底地统一整合，二是各系统独立但有效衔接，针对不同问题，各地区也可以在国家政策的基础上作出选择。

表 3-4 广义上的社保一体化方式分类

	独立	统一
纵向 （针对制度分割）	制度衔接 （如职工社保与居民社保之间的转移接续等）	制度整合 （如城乡居民养老保险统一、城乡居民医疗保险整合等）
横向 （针对地区分割）	异地转接 （如异地就医结算、社保跨区域转移接续等）	区域统筹 （如提高社保基金统筹层次等）

二、国内部分地区区域社保一体化的探索与实践

同经济社会领域内的许多改革一样，我国社保一体化的改革始于个别地方的先行探索，继以国家整体规划和方案的出台，终于全国范围内的推广。以在社会保障体系中占主体地位的基本医疗保险和基本养老保险为例，整合以珠三角地区为先导，佛山市、东莞市、珠海市等最早于 2004 年开始整合城乡三项基本医疗保险制度，随着 2019 年 7 月辽宁出台制度整合实施意见，全国 31 个省、市、自治区（除港澳台地区）均在相关文件指导下开始城乡居民基本医保的整合工作。而基本养老保险制度的整合则始于 2009 年新型农村养老保险制度在全国试点，东部各省以及中部的河南自发将新型农村养老保险制度向城镇居民覆盖，形成了城乡居民基本养老保险制度。

综观全国的社保一体化，可以发现国家在纵向制度架构上的思路是，以职工和居民为分界进行外部衔接和各自的内部整合；在横向区域方面则仍旧以省级行政区为基本统筹区域，针对跨省流动问

题采取转移接续的方法。这在《关于建立统一的城乡居民基本养老保险制度的意见》《关于整合城乡居民基本医疗保险制度的意见》《城镇企业职工基本养老保险关系转移接续暂行办法》《流动就业人员基本医疗保障关系转移接续暂行办法》等重要文件中都有着明显的体现。

在制度整合和统筹方面，十九届五中全会提出要推进实现基本医保省级统筹；《"十四五"全民医疗保障规划》提出做实市级统筹、推进省级统筹。但从实际进展看，省级统筹进展缓慢，除四个直辖市外，只有宁夏、青海（居民医保），海南、福建（职工医保）实现了调剂金模式的省级统筹。目前基本完成城乡居民养老保险制度整合，全国各省市和新疆生产建设兵团已全面建立基本养老保险省级统筹制度，并向全国统筹迈进。由于省级行政区管辖范围大，内部差异明显，特别是经济发达地区的市级政府享有较大的话语权，因此省级行政单位在这一过程中承担着重大的责任和压力。进一步地，制度的整合与统筹层次的提高依赖顶层的设计，而地方利益和行政权力仍旧是不可小视的壁垒，因此自下而上的省际整合与统筹尚未见明显成效。

以山东为例，山东于 2009 年启动农村居民养老保险，2011 年启动城镇居民养老保险，2013 年将农村居民养老保险和城镇居民养老保险进行了制度整合，比国家出台合并实施意见早了近一年；山东 2003 年启动新农合，2007 年启动城镇居民医保，2014 年全面完成了新农合和城镇居民医保整合工作，基本实现了市级统筹，而且最早开展了城乡一体、全省统筹的居民大病保险制度。在整合城乡居民医疗保险的过程中,山东同步进行了整合职能、机构、编制、人员、资产、档案、信息数据,将其全部划归人社部门统一管理,并将城镇居民医保基金和新农合基金合并为居民基本医疗保险基金,新农合基金(含大病保险资金)随人员一并移交,纳入社会保障基金财政专户统一管理。另外,山东积极整合管理信息系统,建立起统一的居民参保人员数据库和药品、诊疗项目、服务设施范围目录数据库,并实现信息系统与所有经办机构、定点医疗机构的联网。在理顺医保管理体制的基础上,按照“先管理体制归口、后制度政策整合”的路径,以“筹资就低不就高、待遇就高不就低、目录就宽不就窄”为原则,统一了参保范围、统筹层次、筹资方式和标准、医疗待遇、医疗服务、基金管理和监督等多方面的要求,分步骤实现了整合。在建立城乡居民养老保险制度时,规定原参加新农保和城居保人员统一并入居民养老保险,新农保或城居保个人账户资金并入居民养老保险个人账户,新农保或城居保的缴费年限累计为居民养老保险缴费年限;尚未达到领取养老金待遇条件的人员应继续缴费;已经按照新农保或城居保规定领取养老金的人员,继续领取养老金。在制度体系建设方面,山东较早建成省、市、县三级完整的制度体系,省人社厅会同省财政厅对各市、县出台的实施意见全部进行了审核把关,保证了全省上下政策的一致性,并及时翻印了人力资源和社会保障部印发的《城乡居民基本养老保险经办规程》,调整了信息系统,实现了制度名称统一、政策标准统一、管理服务统一、信息系统统一,顺利完成了制度的整合。

在社会保险转移接续方面,随着国家统一规定的出台,社保转移接续在全国也逐步完善,截至2022年9月底,全国住院费用跨省直接结算联网定点医疗机构数量为6.10万家。2022年1—9月,全国住院费用跨省直接结算423.80万人次,涉及医疗费用952.28亿元,基金支付561.16亿元,基金支付比例为58.9%。截至2022年9月底,全国门诊费用跨省直接结算联网定点医疗机构7.61万家,定点零售药店21.02万家。2022年1—9月,全国门诊费用跨省直接结算2062.68万人次,涉及医疗费用49.67亿元,基金支付29.65亿元,基金支付比例为59.7%。[①] 从各地的实践可以看出,无论是不同制度间的转移接续还是跨统筹地区间的转移接续,都体现出统筹地区的重要性,转移接续的模式一般为:各统筹地区根据国家政策制定出本地的实施细则,需要进行转移接续的人员根据转出系统和转入系统的细则分别进行申请及操作。

以长三角地区为例,早在2010年苏浙皖就已经推出了《关于长三角地区职工基本医疗保险关系转移接续的意见》《长三角地区异地居住企业离退休人员养老保险待遇资格协助认证合作协议》《长三角地区失业保险关系转移及待遇享受的合作协议》等合作协议来推动社保一体化进程,规定在长三角不同统筹地区进行参保的年限和实际缴费年限的互认,而且在三个月内接续医疗保险关系的,视同连续参保,不设立医保统筹基金支付等待期。不过,作为长三角地区城市间重要合作机制的长三角协商会议制度,整体上不具备有

① 参见国家医疗保障局《全国医疗保障跨省异地就医直接结算公共服务信息发布(第五十二期)》,http://www.nhsa.gov.cn/art/2022/11/3/art_114_9701.html

效的规范力和强制力，所以长三角各地区间一直以来仍旧是依靠“转出—转入”的一般化机制进行社保的转移接续，而且在国家出台统一政策之后才逐渐实现了规则方法上的相对一致。在全国社保转移接续都在大力推进的背景下，地区间协调并没有体现出更多的便捷性和优越性，甚至由于长三角各地区内部个性化明显，统筹和整合进程较慢，社保转移接续程序更加复杂。

第四节 国内外经验对京津冀社保一体化的启示

一、加强顶层设计,实现整合与协调的有机统一

综观国内外的区域社保一体化,其整体架构或采取统一整合的方式来消除内部政策差异,或通过有效的转移接续机制来实现各独立主体利益的协调。不过,无论采用哪种方式,都离不开整体框架的搭建。欧盟在原则统一基础上让各国自主订立协议,加拿大在单一法律框架下给予各省政策细则制定上的独立性,都体现出顶层设计的重要意义。而我国省际社保一体化之所以进展缓慢,缺乏省级以上行政单位的统筹和协调无疑是重要原因之一。因此,京津冀三地之间需要建立高效的社保协商机制,确保架构的整体设计,以规范性文件为载体,保证政策执行的强制力和一致性。

在我国社保体制改革过程中,职工和居民作为两大制度主体的基本方向早已明确,城乡居民养老保险、城乡居民医疗保险的整合已经是必然选择。同时,对医疗保险统筹层次的要求不断提高,养

老保险的全国统筹也已经提上日程。因此从未来着眼,京津冀社保一体化需要在社保基金省级统筹、居民社保制度整合的基础上,加强地区间和制度间的协调,避免产生不必要的改革成本,进而消除制度间流动障碍,实现完全转移接续。

二、科学设计方案,维持不同主体利益的均衡

一方面,从参保个人角度来讲,社保一体化实质上是保证参保者的权利义务在不同制度、不同地区之间实现自由流转,保障其社保权益不因个人流动或制度变革而受损。从作为保险人的政府来讲,社保一体化的关键在于确保基金的持续性,使其不因参保者的退出或进入而发生问题,社保统筹可以视为基金池的汇聚与扩大,社保转移接续则是不同基金池之间的流入与流出。因此,社保一体化方案要综合考虑两方面的利益,重点在于参保者权益的保护,同时也要防范道德风险造成的基金安全问题和人群间公平问题。

另一方面,由于各统筹地区的社保缴费基数、缴费比例存在差异,而且地方财政的支持力度也不同,导致地区利益在一些情况下存在冲突。比如职工医保规定职工满足当地最低和连续缴费年限后,退休后就不用缴费而享受医保待遇,这种情况下如果转入地认同缴费年限就可能导致义务的扩大,给医保基金带来压力。

因此,京津冀社保一体化过程中需要根据人口分布和收入水平、各制度间的缴费和待遇差异、人口流动特点、基金运行状况等因素来综合测算,统筹考虑,科学制定具体实施方案,维护各方主体的利益。其中制度整合方面的关键是缴费水平、待遇水平、财政支持

力度等的测算，要在保护参保者利益的前提下合理估计政府责任。转移接续方面的关键在于转移接续资格确认、缴费年限互认及折算规则、统筹基金与个人账户转移规则等的确定，要实现各方利益的合理均衡。

三、完善信息系统建设，优化社保管理体制

信息系统建设对社保一体化的作用毋庸置疑，欧盟的电子卫生保健网络、发达国家的社会保障卡和社会保障号都是社保管理领域的有效工具，我国推出的社会保障卡和异地就医结算系统也极大地促进了社保一体化的发展。国务院办公厅于2016年6月发布了《关于促进和规范健康医疗大数据应用发展的指导意见》(国办发〔2016〕47号)，推动了整个健康医疗产业的数据化。因此，建设统一的信息系统也是符合社会发展趋势的重要举措。信息系统建设对社保管理经办体系也有着巨大的价值，通过技术手段来促进社保业务办理能够有效提高便捷性，改善人民群众的体验，同时也能减轻经办压力，防止各类违反规则的行为，推动社保体系的规范化与现代化，利于社保管理。

同时，在京津冀社保一体化过程中也要理顺政府管理体制，综合协调各机构之间的合作与沟通，明确各级政府部门职责，避免权责不清、推诿责任等不良现象，加强监督与检查，实现高效管理，为社保一体化创设有利的体制基础。

四、实施配套政策，改善社保一体化的宏观环境

社保一体化并非一项孤立的社会改革，仅仅依靠社保体制内部的一体化并不能达到最优的效果；相反，必须将社保置于公共服务均等化乃至区域一体化的大环境中加以考虑，才能实现整体上的社会改善。

就医疗保险而言，它不仅是社会保障体系的一部分，也是基本医疗卫生制度的重要组成部分，深深地植根于公共卫生服务体系、医疗服务体系、药品供应保障体系之中。在世界任何国家和地区的实践中，没有医疗服务体系作为基础，都不可能建立合适的医疗保险制度。因此，京津冀社保一体化进程中要实现与医疗体系一体化的协同，真正为人民提供高水平的医疗服务。在养老保险制度方面，虽然表面上看仅涉及养老金的运转，但要真正实现养老体系的一体化，也离不开养老服务业的发展。因此，京津冀社保一体化要实现对养老服务体系的统筹计划，为老年人提供优质的养老资源，而不能仅满足于养老金的发放。

第四章　京津冀基本公共服务均等化与社保服务均等化

基本公共服务是指建立在一定社会共识基础上，根据一国经济社会发展阶段和总体水平，为维持本国经济社会的稳定、基本的社会正义和凝聚力，保护个人最基本的生存权和发展权，实现人的全面发展所必需的基本社会条件。基本公共服务均等化是指政府要为社会成员提供基本的、与经济社会发展水平相适应的、能够体现公平正义原则的大致均等的公共产品和服务，是人们生存和发展最基本的条件的均等。从我国的现实情况出发，基本公共服务均等化的主要内容包括：一是基本民生性服务，如就业服务、社会保险、养老服务等；二是公共事业性服务，如公共教育、公共卫生、公共文化、科学技术、人口控制等；三是公益基础性服务，如公共设施、生态维护、环境保护等；四是公共安全性服务，如社会治安、生产安全、消费安全、国防安全等。上述基本公共服务的一体化建设，是确保我国公民共享改革发展成果、国家实现社会公平稳定的必经之路。

京津冀地区作为我国参与全球竞争、率先实现现代化的正在崛起的巨型都市圈，是我国北方连接“海洋经济”和“大陆经济”的重要枢纽。但是，京津冀协同发展进程中协同发展水平始终落后于其他经济圈，京津冀地区的市场化水平和协同程度偏低，尤其表现在河北全方位的严重滞后，始终没有走出“行政区”的掣肘，导致结构锁定和利益固化逐渐形成，究其深层次原因，就是三地基本公共服务严重非均等化。当下实际情形是北京集中了过多的教育、文化和医疗等公共服务资源，使其拥有河北和天津无法企及的优势，由于资源过度集中，北京人口、交通、环境问题日益恶化。为此，实现京津冀协同发展必须加强北京周边地区公共服务建设，推动北京公共服务资源向周边地区转移，努力实现公共服务“底线公平”，缩小京津冀地区间差异。

京津冀协同发展的主要目标之一就是实现三地间公共服务均等化和建立公共服务共建共享体制。2015 年《京津冀协同发展规划纲要》中明确提出了“促进基本公共服务均等化是有序疏解北京非首都功能的重要前提和京津冀协同发展的本质要求”，同时提出了“到 2020 年，河北与京津的公共服务差距明显缩小，区域基本公共服务均等化水平明显提高，公共服务共建共享体制基础初步形成”的战略目标，还在建立统一规范灵活的人力资源市场、统筹教育事业发展、加强医疗卫生联动协作、推动社会保险顺畅衔接等方面作出了明确部署。

第一节　京津冀基本公共服务均等化现状分析

一、京津冀基本医疗卫生均等化

医疗卫生领域近年来越来越成为民生领域的重点关注对象，医疗相关的政策以及制度不断出台，使得我国的医疗行业逐步改善，向着公平、高效的方向不断前进。《“健康中国2030”规划纲要》的提出，以及党的十九大、二十大对医疗和居民健康问题的关注，明确了居民健康生活的普及、健康服务的优化、健康保障的完善等改革发展目标。作为北方经济规模最大的经济核心区，京津冀的协同发展受到了社会各界的广泛关注，其中医疗卫生领域的协同发展是京津冀协同发展过程中非常关键的部分。医疗资源如何在京津冀三地间进行合理分配，如何利用京津地区现有医疗资源加快河北地区医疗水平建设，都是京津冀一体化发展要攻克的重要课题。

（一）基本现状

1. 医疗卫生资源分布不均导致医疗效率低下

北京依托首都地位，高度聚集了优质医疗卫生资源，全国优秀的医院及研究机构在北京汇聚，长期以来吸引了大量外地病患进京就医。而与京津相比，河北的医疗资源特别是农村基层医疗资源特别薄弱，基层医院常年门庭冷落，病患宁愿舍近求远涌入北京和天津的大医院看病就诊。这样的现象进一步加深了河北医院中青年医师的流失和基层医疗卫生服务的相对退步。其中一个显著的例子是紧邻北京的河北燕达医院，这是河北境内唯一一家民营非营利性三级甲等综合性医院，也是燕郊镇唯一一所三甲医院。燕达医院设施齐全，但相比北京市内三甲医院的人满为患，该医院始终缺乏患者资源。燕达医院曾经与首都医科大学和朝阳医院的分诊合作畅想在行政区划的壁垒和医保政策的阻碍下也未能顺利实施，导致医疗人才和患者的双重流失,医院常年处于亏损状态,在国家财政支持下勉强生存。

截至2017年年底,北京总人口为1359.20万人,天津为1049.99万人,河北为7520万人。根据《中国卫生健康统计年鉴2018》,可以得到表4-1中三地基本医疗卫生服务水平状况。

表4-1 2017年京津冀医疗卫生状况比较

	北京	天津	河北
每万人拥有医疗卫生机构数(个)	7.3	5.3	10.7
每万人拥有卫生技术人员数(名)	231.9	123.4	78.5
每万人拥有医疗卫生机构床位数(张)	88.8	65.2	52.5
每万人拥有执业医师和全科医生数(名)	69.5	39.2	25.5
医院占医疗卫生机构总数比例(%)	6.6	7.7	2.3
三甲医院在全部医院中所占比例(%)	15.1	9.9	3.7
医疗卫生机构居民平均就诊次数(次)	10.4	7.8	5.8
全年人均医疗卫生经费支出(元)	9429.7	5294.2	2710.6

资料来源:《中国卫生健康统计年鉴2018》。

2017年,京津冀三地每万人拥有医疗卫生机构数分别为7.3个、5.3个和10.7个,但其中河北的基层医疗卫生机构占比达到97%以上,而医院比例只有京津的1/3。比较清晰的是三地医院中三甲医院的比例数据,在北京的659所医院中,有99所属于三甲医院的行列,占到了15.1%,天津在这一数据上也达到了9.9%的水平;但是在河北的1846所医院中,只有69所进入了三甲医院目录,比例只有3.7%。2017年,北京地区居民平均就诊次数大约是河北的2倍,人均医疗卫生经费支出是河北的3倍以上。从这些数据可以清晰看出,京津冀三地间医疗卫生服务水平严重不均,河北主要以基层医疗为主,三甲医院比例较小,医生水平普遍较低,难以满足居民大病就诊的要求；而北京和天津的医疗水平较高，承担了大量外地病患前来就诊的压力，日益成为“全国看病中心”，在三甲医院就诊的外地病患更为集中，部分医院外地病患的占比甚至超过了70%。

2．缺乏统一制度安排和顶层设计

阻碍京津冀医疗卫生事业协同化发展的关键在于制度上的不匹配、不互通，尤其是医保报销制度上缺乏对接安排。京津冀医保对接不畅通，导致三地医疗卫生服务协同发展难以深化执行，当下出台的一些政策更多的是具体的医院间的协作和突发公共卫生应急机制等较为“零碎”的协作方式，如天津市肿瘤医院和沧州医院签署合作协议、北京朝阳医院主动与河北燕达医院合作等。这些点对点的合作并不能从根本上解决问题，京津冀医疗卫生协同发展需要的是政府在制度层面的支持，以及医保在京津冀区域内无差别报销、新农合异地缴费和异地就诊的放宽。京津冀医疗卫生协同发展存在巨大的正外部性，仅仅从地方政府的层面进行协同发展，势必会产生整体效率的损失。纵向转移支付手段只是事后调整和削高补低的被动方法，虽然在实际操作中简单易行，但是在京津冀一体化全方位改革的大背景下，政府应该考虑摒弃传统的保守手段，从制度设计上入手，尽快建立适应京津冀医疗卫生服务协同发展的配套制度。要实现更大的共赢局面，不仅仅需要京津冀三地地方政府的推动，还需要中央政府建立一个统一的协调机制，进行具有前瞻性的顶层设计，打破“一亩三分田”的思维定式，充分拓展京津冀医疗卫生服务协同发展的层面，从全局出发，统筹考虑。

（二）医疗卫生服务均等化目标

1. 实现地区间医疗卫生服务的公平普及

医疗卫生服务中很大一部分是公共卫生服务，公共卫生服务包括卫生监督、健康教育、疾病监控、卫生研究等方面，是具有非竞争性和非排他性的纯公共产品，具有很强的正外部性，如果能够区域性地统筹规划和投入，就会比由各地方政府独自提供更有效率；而且一旦发生区域性急性公共卫生事件，相邻地区就需要共同出资、共同承担责任，不但其中的财政责任难以划分，若没有一个成熟的区域性的联防联控协作机制，控制不力带来的隐性成本也会难以想象。因此，这就需要京津冀地区公平地为区域内的所有公民提供保障，而不能相互推诿和划定责任边界，以至于贻误时机。

2. 提高京津冀地区医疗卫生资源配置效率

对于京津冀地区“医疗卫生协同发展”这一问题，国家卫计委（现为国家卫健委）2015 年曾明确表态，认为应致力于对北京医疗卫生功能的疏解，与此同时制定了“中心限制、周边发展，综合限制、专科发展，院内限制、外溢发展，单体限制、系统发展”的总原则，而对河北的定位则是“继续强基固本，提升全省服务水平实现由‘被动输出’转为‘主动疏解’”。要符合帕累托最优配置，就要把一些医疗资源迁移至河北，充分发挥北京优质医疗资源的带动辐射作用，努力实现京津冀区域优质医疗卫生资源共享，提高医疗卫生资源的配置效率。

3. 医疗卫生服务均等化发展进程

北京市卫生和计划生育委员会（现为北京市卫生健康委员会）于2017年印发的《2017年北京市医政医管工作要点的通知》（京卫医〔2017〕89号）中，在第一部分"持续优化医疗资源配置"就明确提出："按照非首都功能疏解要求，严格执行医疗卫生领域的'负面清单'制度，控制医院规模，促进重点医疗疏解项目取得进展。深入推进京津冀协同发展，持续推进与河北燕达医院以及张家口、曹妃甸、承德等重点地区的医疗合作，启动与河北保定的医疗合作。推进跨区域检验检查结果互认、医学影像检查资料共享、远程会诊、转诊等工作。"

河北省贯彻落实《京津冀协同发展规划纲要》《京津冀医疗卫生协同发展规划》，编制印发《河北省推进京津冀医疗卫生协同发展规划（2016—2020年）》，与国家规划衔接，形成京津冀医疗卫生协同发展规划蓝图，明确医疗卫生协同发展的方向及发展重点，依托自身区位特点，合理划分功能区域，建立区域医疗中心，搭建功能承接和吸附平台，勾画出"5＋4＋N"的医疗卫生协同发展布局。

京津冀三地间着意加强医院机构合作交流，例如燕达医院与北京市属医院协同合作试点，并推动河北省儿童医院加入北京儿童医院集团，河北省医疗机构引进一大批新技术、新项目，服务保障能力明显增强。2014—2016年的三年时间中，河北先后有300余家二级以上医疗机构与京津医院建立多种形式的合作关系，北京累计向河北派出医生1000余人、接诊约7万人次。到河北人家门口的北京医生多了，去北京看病的河北人少了，河北群众在家门口就享受到京津的优质医疗服务，解决看病难问题不再遥不可及。据统计，北京二级以上医疗机构出院患者中，河北患者人数占比从2013年的9.1%下降到2016年的7.5%。此外，医保政策上的放宽和药品医用耗材联合采购的形式，打破了三地间跨地区转诊的政策壁垒，实现了天津、河北退休人员住院医疗费用跨省结算等，提高了河北的医疗卫生发展水平，提升了人民群众的满意度和获得感，标志着京津冀医疗卫生协同发展实现了新的提升。此外，京津冀三地间医疗卫生合作层次也进一步加深，从一开始的医院间合作，进一步发展到京津冀三地临床检验结果互认、医学影像检查资料共享、医师区域注册和跨区域执业注册实施，三地卫生业务互联互通、共建共享正在成为常态。

二、京津冀基本公共教育服务均等化

基本公共教育服务是指在教育领域提供的基础性公共服务，具有公共性、普惠性、基础性、发展性四个主要特征，是主要由政府提供，全体人民群众最关心、最直接、最现实的与自身利益密切相关的公共教育服务，是实现人终身发展的基本前提和基础。正是由于它的基本公共服务属性，决定了缩小基本公共教育服务差距在京津冀协同发展全局中具有基础性和先导性地位。《国家中长期教育改革和发展规划纲要（2010—2020年）》明确提出，到2020年要形成惠及全民的公平教育，建成覆盖城乡的基本公共教育服务体系，逐步实现基本公共教育服务均等化，缩小区域差距。

（一）现状分析

如表 4-2 所示，2013—2019 年的国家财政性教育经费数据和教育经费合计数据都呈现出相同的特点，即京冀两地的教育经费相比天津更高且稳定增长；天津在这两个指标上与京冀两地存在一些差距，且 2014—2019 年国家财政性教育经费和教育经费合计都出现剧烈波动的状况。2019 年天津的国家财政性教育经费甚至低于 2014 年水平。但是，仅仅从教育经费投入总量上还不能得出有价值的结论，毕竟河北的行政区域面积和总人口数量都要大得多，故而学校数量和在校学生数量都要大得多，具体到个人层面的教育投入可能相较京津地区存在一定差异。我们可以使用生均教育经费投入来衡量京津冀地区间的教育投入差异。

表 4-2 2013—2019 年教育经费投入情况

（单位：万元）

指标	国家财政性教育经费			教育经费合计		
地区	北京	天津	河北	北京	天津	河北
2013 年	8 941 899	4 986 021	8 523 960	9 998 366	5 699 615	10 298 143
2014 年	9 683 640	5 532 759	8 926 512	10 937 374	6 326 265	10 861 672
2015 年	9 810 774	4 775 063	10 732 988	11 171 250	5 605 736	12 861 641
2016 年	10 491 718	4 530 501	11 888 154	11 934 724	5 365 129	14 203 834
2017 年	10 863 394	4 951 367	13 374 769	12 512 746	5 365 129	15 938 478
2018 年	11 661 674	5 343 469	14 428 248	13 525 400	5 850 624	17 389 625
2019 年	12 791 460	5 188 454	16 403 527	14 794 780	6 351 712	19 921 191

资料来源：2013—2019 年《中国统计年鉴》《中国教育统计年鉴》《中国教育经费统计年鉴》。

由表4-3可见，京津冀三地的生均教育经费支出差异非常明显，北京生均教育经费支出最高，天津次之，河北最低。2018年，天津小学生均教育经费支出是北京的57.90%，是河北的2.40倍；天津初中生均教育经费支出是北京的49.06%，是河北的2.85倍；天津高中生均教育经费支出是北京的48.08%，是河北的2.71倍。

表4-3　2013—2018年京津冀中小学生均教育经费支出

（单位：元）

指标	小学			初中			高中		
地区	北京	天津	河北	北京	天津	河北	北京	天津	河北
2013年	31 501.72	19 457.87	5 948.77	48 875.00	30 694.10	9 141.61	59 251.14	30 237.70	10 037.58
2014年	34 876.71	20 880.98	6 364.25	56 609.48	32 174.28	9 441.77	67 179.55	38 352.45	10 801.09
2015年	33 559.11	19 134.15	7 668.04	59 471.71	31 188.16	10 765.15	64 719.88	37 924.92	13 051.34
2016年	33 312.51	19 824.33	6 693.35	54 985.44	31 352.18	9 782.84	63 716.86	35 505.02	11 296.67
2017年	37 520.87	21 059.47	8 770.04	72 501.63	36 488.61	12 885.60	85 412.89	40 103.10	15 614.43
2018年	38 690.04	22 403.28	9 315.95	76 979.38	37 768.1	13 254.05	90 312.64	43 424.43	16 015.76

资料来源：2013—2018年《中国统计年鉴》《中国教育统计年鉴》《中国教育经费统计年鉴》。

生师比衡量了在不同教育阶段一个教师对应学生的数量，生师比越低，说明每个学生所能享有的师资越多。从京津冀三地2014—2020年的数据可以看出（见表4-4），北京是三地教育资源相对最丰富的那个，2018—2020年北京和天津生师比呈现小幅上升趋势，而河北呈现小幅下降趋势，在近几年的发展过程中教育资源的分化现象有所缓解，但是河北与北京和天津相比仍然有着较大的差距。

表 4-4 2014—2020 年京津冀义务教育各阶段生师比

指标	小学			初中			普通高中		
地区	北京	天津	河北	北京	天津	河北	北京	天津	河北
2014 年	14.44	14.71	16.92	9.44	10.21	13.45	8.41	10.62	13.23
2015 年	14.35	14.98	17.59	8.62	9.92	13.58	7.95	10.24	13.57
2016 年	14.05	15.19	17.66	8.02	9.63	13.59	7.75	10.00	13.61
2017 年	13.58	15.06	17.42	7.73	9.76	13.87	7.64	9.91	13.68
2018 年	13.65	15.03	17.32	7.83	10.20	14.17	7.44	9.63	13.37
2019 年	13.58	15.10	17.18	8.33	10.71	14.11	7.41	9.55	13.19
2020 年	14.01	15.38	17.07	8.68	11.02	13.72	7.62	10.04	13.18

资料来源:2014—2020 年《中国统计年鉴》《中国教育统计年鉴》《中国教育经费统计年鉴》。

在义务教育普及率基本已经达到100%的大背景下,教育机会的等同不代表教育质量的等同,京津冀三地在教育经费投入、中小学生均教育经费投入到生师比上都存在很大的差距,基础教育公共财政投入存在失衡。在我国,中央政府主要负责中央各部门兴办的教育机构,省级政府也倾向于将大部分可自由支配的教育资金花费在非基础教育特别是地方高等教育事业上,在中央政府和地方政府向地方转移支付规模很小的情况下,基础教育责任层层下放,造成严重的地区间教育不公平。此外,在基础教育由地方负责的制度下,地方对基础教育的投入与其经济发展水平和财政收入状况挂钩,使得基础教育随着各地及城乡间经济发展水平的不同而出现严重的非均衡状态。由上述数据描述可以看出,京津冀地区间公共教育的投入和水平存在不小的差距。

（二）京津冀公共教育均等化实现路径

1. 落实政府间财政教育责任

在经济学视角下，基础教育是一种具有很强的外部性的公共产品，在我国当前的财政体制下，更确切的描述是一种具有较强的正外部性的地方性产品。所以，中央政府和省级政府应该在财政上承担更多的责任，并建立规范的财政转移支付制度以弥补落后地区与发达地区间的差距。由于京津冀地方政府之间财政实力悬殊，河北在基础教育的提供上难以和京津地区相匹配，使得基础教育的发展远远落后于北京和天津。这就要求中央政府加强对河北各市的地方政府基础教育支出的审计核算，保证基础教育的有效投资；对于不足的部分，中央政府应该动用转移支付手段对河北进行补贴；此外，应该加强京津冀地区基础教育的协同发展，尝试探索定点帮扶、学习资源共享等横向转移支付方式，拉动河北基础教育的发展。但是我们不能急于缩小地区间的差距，而要承认区域差距的长期性，避免使用行政手段人为地削高补低；同时，要探索性地运用经济政策手段，使地区间的这种差距不再扩大。我们要注重在改革中引入市场机制，提高投资效率，通过政府和市场的合作机制，实现公平和效益的动态平衡。

2. 优化公共教育投资结构

从上述分析可知，为实现京津冀三地的教育均衡，要对河北教育投资予以倾斜。在这一过程中，我们仍要坚持以政府投入为主，保障公共财政对于基础教育经费的投入，统一城乡义务教育学校平均经费标准，尽快建立京津冀一体化预算标准，使得河北的教育质量提升首先得到经费上的支持。设置财政教育专项，加大对农村教育、学前教育等的扶持力度，加大省级政府转移支付力度，改进转移支付资金拨付方式，对地方教育经费的投入使用实施年度督导制，避免层层截留现象的出现，加强转移支付经费的监察和监管，保证专款专用。此外，应该合理规划高等教育在所有教育支出中的上限，避免地方政府的目的性倾向，合理规划京津冀地区的高等教育发展，可以考虑将北京科研能力出众的高校引导至河北设立分校区；加大对河北高等教育的投入力度，可以论证京津冀高考“四个统一”（统一高考、统一命题、统一分数、统一招生）的可行性。

三、京津冀交通一体化

协同发展，交通先行。交通一体化是京津冀协同发展的骨骼系统，是优化城镇空间格局的重要基础，是有序疏解北京非首都职能的基本前提。京津冀协同发展的功能定位、空间优化、产业升级转移、生态保护等也对交通发展提出了新要求。2015 年 11 月 18 日，国家发展改革委和交通运输部印发了《京津冀协同发展交通一体化规划》，绘制了未来三地交通发展的蓝图。

（一）京津冀交通一体化发展基础

1. 区位联系

京津冀地区位于华北平原北部，北起燕山山脉，西到太行山区，东至东海之滨，南至华北平原，包括北京、天津、河北共 13 个地级市以及河南省安阳市，是北方的经济政治中心，土地面积约为21.8万平方千米，截至2022年年底人口总数约为1.1亿。京津冀的区位优势得天独厚，政治文化地位突出，科研力量、产业实力雄厚，战略地位十分重要。2014年习近平总书记在北京主持召开座谈会，专门听取京津冀协同发展工作汇报时[①]指出，京津冀地缘相接、人缘相亲，地域一体、文化一脉，历史渊源深厚、交往半径相宜，完全能够相互融合、协同发展。经过多年努力，京津冀地区的交通建设取得了长足的发展，基本形成了集航空、铁路、港口、公路等多种运输方式构成的综合交通运输体系，为推动京津冀协同发展奠定了坚实基础。

2. 产业联系

京津冀地区由于拥有悠久的历史积淀，成就了一批传统产业，随着市场经济的发展，越来越多的企业在该地区聚集，这些企业出于共性或者互补性联系在一起，形成了资源密集型、劳动密集型和技术密集型的不同产业。近年来，随着新兴产业在国内的蓬勃兴起，京津冀地区由于北京的北方政治经济中心地位，吸引了金融、保险、信息等高端服务业的聚集。产业之间的联系主要以垂直分工和水平分工两种模式存在，在这两个层面上，京津冀地区的产业联系已经突破了行政区划的限制，形成了形形色色的产业链和产业集群，而产业集群要求地区间作为一个经济组织来保证资金、信息、要

① 参见《习近平就推进京津冀协同发展提出7点要求》，https://www.cs.com.cn/xwzx/hg/201402/t20140227_4319425.html

素和人员的自由流动，这对京津冀交通一体化提出了较高的要求。

3. 市场联系

京津冀地区丰富的产业集群催生出多种类型的专业市场。这些市场在京津冀地区内已经形成明确的分工和紧密的联系，比如一些农产品市场从产地河北收购农产品后直接销售到北京和天津，一些知识密集型产品在北京生产，在河北和天津销售。有的商品产地设在要素成本较低的河北农村地区，而中转市场则设在交通发达的北京。为了确保市场运行的效率、增强京津冀区域内的经济联系和市场分工、降低交易费用和交易成本，就要加强京津冀地区的交通网络建设。

（二）京津冀交通一体化发展现状

截至2022年年底，京津冀区域内铁路营业里程达10933公里，其中高铁2575公里，实现铁路对20万以上人口城市的全覆盖，高铁覆盖京津冀所有地级市。区域内拥有京广线、京九线、京沪线、京哈线、京通线、京承线、京包线、京原线等铁路干线，形成了以北京为中心的放射线路网，还包括津山线、石德线、石太线等支线；航空方面，区域内共有9个民用机场，其中首都机场2019年旅客吞吐量突破10001.36万人次，位居全国第一、全球第二；港口方面，京津冀地区拥有海岸线641千米，形成了以天津港为枢纽的渤海西岸港口群，由天津港、秦皇岛港、唐山港、黄骅港、曹妃甸港五港组成的沿海港口群是我国最重要的能源输出基地和区域对外贸易窗口，承担了我国北方港90%的煤炭装船任务；公路方面，京津冀地区形成了以全国性公路枢纽北京为中心，由国家高速公路的7条首都放射线、2条纵线、3条横线构成的国家高速公路主干网。

在加快区域交通网络建设的同时，区域一体化的运输服务开始起步。2016年起，北京与全国实现了不停车收费系统联网。截至2022年6月，ETC速通卡累计有效用户达到746.3万，其中北京ETC用户达到284万。北京38条公交线路实现跨省常态化运营，服务河北省廊坊市、保定市、张家口市、承德市的17个县市及地区，日均客运量约27万人次。京津冀三省市合力完成平谷至遵化、宝坻、蓟州等6条客运班线的公交化改造，沿途40余个村的8万余人受益。客运发展水平突出，在区域内起到了示范作用。

（三）京津冀交通一体化存在的问题

1. 缺乏网络化的综合交通体系

京津冀区域的干线铁路网无论在里程上还是在路网密度上均处于全国领先水平，但是仍然不能满足京津冀地区都市圈通勤出行和联系城市群主要城市的功能。京津冀地区基本没有真正意义上的市郊铁路，城际轨道仅有北京和天津之间的120公里的城际铁路，其他城际客运需求集中的运输通道大多为干线铁路，无法满足城际客运需求。此外，城际交通与城市内部交通在衔接换乘方面的功能设计上依然不完善，制约了一体化运行效率。

从网络格局上看，首都交通功能过度集聚，客货运输及转运功能过度集中。无论是铁路还是公路，均呈现出围绕北京形成的单中心、放射状、非均衡交通体系特点，天津和河北的交通枢纽能力没有得到有效发挥,区域交通运输功能严重分布不均。一方面,这种结构导致了与北京无关的客货物流都要经过北京枢纽,增加了北京的过境压力;另一方面,河北、天津的交通枢纽能力没有得到有效的发挥,也影响了京津冀相互协作的发展。

2. 缺乏区域统筹和协调体制机制

区域统筹协调方面,首先,京津冀地区尚缺乏常态化、制度化的议事和决策机制,三地多以自身利益为导向,需要建立真正的长效协作机制;其次,铁路、公路、航空以及城市交通等各个系统之间的规划缺乏整体的统筹、协调和衔接,且区域的交通设施、通道、用地等各方面资源无法有效整合,难以发挥协同效应;最后,城市交通管理职能分散。京津冀协同发展国家战略提出后,中央和交通运输部力推"交通先行",但人们对于交通一体化在区域协同发展进程中的作用仍然缺乏统一的认识,需要通过转变观念、科学规划、完善交通结构以及加强政策保障等诸多手段尽可能减弱其负面影响,在京津冀协同发展过程中走出一条内涵式、集约发展的新路子。

3. 交通拥堵问题严重

随着社会经济发展水平的提高以及城市化、机动化进程的加快,京津冀地区的特大城市(如北京、天津)遭遇了严重的交通拥堵问题,北京二环内核心区早晚高峰交通指数基本都在8以上,交通严重拥堵已经成为北京的常态。此外,节假日期间,大量小汽车集中出行致使区域主要高速公路(如京藏高速公路、京港澳高速公路、京开高速公路等)严重拥堵,不仅降低出行效率,也容易引发交通事故等安全隐患。随着机动车保有量的迅速增长,机动车尾气排放成为影响城市环境质量的重要因素之一。在机动车造成的污染中，除了日常出行的小轿车，每天夜间进城或过境的大货车也是造成北京大气严重污染的重要原因。

（四）京津冀交通一体化内容

1. 多中心化和公共交通缓解首都交通压力

通过以上分析可知，北京的交通压力过重，且负担着一部分完全无效的交通任务。要解决这个问题，需要构建首都分流枢纽网络，将不属于首都四大核心功能的其他非核心功能向天津和河北转移。因此，京津冀交通一体化应当围绕着疏解非首都核心功能，提升其他城市（例如天津、石家庄、保定等）交通中心地位的目标，服务于产业、人才的疏解和转移；此外，还要大力发展公交优先的城市交通，随着京津冀协同发展的不断深入，三地的通勤需求会越来越强烈，对城市交通的要求也将进一步深化。《2022年北京市交通综合治理行动计划》共提出35条措施、190项任务，比如到2022年年底，中心城区绿色出行比例达到74.6%，市民45分钟以内通勤出行占比达到56%，轨道车站出入口换乘距离小于30米的公交站点占比达到45%，高峰时段平均道路交通指数控制在6.0以内，确保城市交通运行安全、平稳、有序。上述目标的实现需要公交优化和地铁扩流的支持。

2. 建设高效互联轨道交通网

早在2014年京津冀区域协同发展战略被提出之时，京津冀交通一体化便被提上议事日程。2015年12月8日，国家发展改革委和交通运输部发布《京津冀协同发展交通一体化规划》，提出京津冀地区将以现有通道格局为基础，着眼于打造区域城镇发展主轴，促进城市间互联互通，推进“单中心放射状”通道格局向“四纵四横一环”网络化格局转变。在2017年雄安新区宣布成立时，从区域规划图也可看出，无论是轨道交通还是高速公路，京津冀的交通规划中都加入了雄安这一交通节点，而通过2019年京津冀三地的政府工作报告，可以一窥京津冀的交通建设进展，建设的重点主要是加强雄安、北京城市副中心和北京大兴机场间的联系。2018年，京秦高速公路北京段和首都地区环线高速公路（通州—大兴段）正式通车，这是京津冀交通一体化的重点项目，至此，京津冀间最后两条高速“断头路”清零。2019年北京完成了大兴国际机场高速公路全线主体，新机场轨道地上段完全贯通。一米米延伸的道路，助力了京津冀协同发展交通一体化规划的实现。截至2020年，京津冀已经形成多层次、全覆盖的综合交通网络，实现区域内快速铁路覆盖所有地级及以上城市，高速公路覆盖所有县城，形成京津石中心城区与新城、卫星城之间的“1小时通勤圈”，京津保唐“1小时交通圈”，相邻城市间基本实现1.5小时通达。“轨道上的京津冀”不仅将让三地民众尽享出行便利，也将支撑和引导区域空间布局调整与产业转型升级。

3. 加速现代化港口群和航空枢纽建设

京津冀交通一体化需要海陆空全方位的配套建设。在海运方面，北京是内陆城市，没有出海口，但是可以发挥自身经济实力和大量货运需求，与天津和河北的港口城市寻求合作，依托津冀港口群促进北京无水港与天津、河北出海港口的协同发展，打造北京便捷出海口，并不断优化完善北京无水港的集疏运体系，提升综合运输能力，发挥天津港在区域港口群中的引领作用和河北港口的综合运输能力。

第二节 推进京津冀基本公共服务均等化总体思路

京津冀一体化的进程，从根本上还是要全面贯彻党的十九大和二十大精神，深入贯彻习近平总书记系列重要讲话精神，落实“创新、协调、绿色、开放、共享”五大基本发展理念，坚持以人为本、权利平等、机会均等、共建共享的发展原则。破除制约京津冀基本公共服务均等化发展的体制机制障碍，允许和引导社会资本进入基本公共服务领域，逐步缩小京津冀三地间基本公共服务差异。

第一，要做好区域内协调工作，保证政策落实力度。京津冀三地之间社会经济发展水平的差距十分明显，尤其河北最为滞后，而且河北省内各地区经济社会发展水平也十分不平衡。在推进基本公共服务均等化的过程中，应当按照各地的区位、资源优势和社会经济发展水平对各地区内与地区间的社会经济资源进行科学有序的整合。三地应在省级层次上统一协调，设计对接时间表，制定对接评价机制，对于已经有对接初步尝试的领域，要迅速跟进，做好后续政策措施的落实。

第二，要在重点领域取得突破，以点带面地实现基本公共服务均等化。河北与北京和天津在基本公共服务领域存在的巨大差异有目共睹，故而要实现三地间基本公共服务的“齐头并进”，需要督促河北在基本公共服务供给水平上“迎头赶上”。这个任务在短时间内注定不能完成，河北应当有急有缓，抓住关键环节和关键领域，集中精力在重点领域和最贴近人民群众生活所需的领域取得突破，以点带面，强化重点领域和重点地区的带动作用。

第三，要抓住历史机遇，推进公共服务供给多元化，优化京津冀地区整体布局。推动京津冀在教育、医疗、养老等公共服务领域的先行先试和重点突破，加大对特色试点城镇和联动地区的建设，形成基本公共服务网络化辐射“微中心”，进一步加大对环首都贫困地区和部分贫困县的支持力度，优化区域基本公共服务空间发展布局。在现代开放社会中，政府需要明确自身定位，加大培育新型社会组织载体参与公共服务事业建设的力度，市场、社会提供多元化服务，最大限度地满足公民多样化的公共服务需求，鼓励社会力量积极参与京津冀基本公共服务的合作，由市场提供诸如公共就业服务、竞争性强的邮政服务，可以在一定程度上弥补政府部门对社会需求反应性差的缺陷，及时满足社会公众需求。

第四，要深化公共服务供给改革，创新公共产品服务。改善京津冀基本公共服务融资环境，大力推进公私合作的融资模式，拓展公共服务供给的财政来源，更好地保障地方政府、私人企业、投资者三方的权益。充分发挥证券市场的融资功能，克服之前融资模式过于单一的弊端，寻求成本更低、效率更高的融资模式。探索证券市场、发行股票公债、资产证券化等应用模式。鼓励私人资本和风险资本进入公共服务领域，但是政府应该加强对于行业准入标准的把控，对于市场资本运行情况和风险评估做好监督与管理，保障公共服务投资的健康运营发展。进一步优化政府权责，引导公民积极自主参与京津冀基本公共服务均等化建设，推进京津冀基本公共服务共建共享，转变政府职能，建立新型政府基本公共服务绩效考核体系，最终建立起统一的京津冀基本公共服务均等化协调机制。

第三节　京津冀公共服务均等化中的社会保险服务均等化

社会保险是社会保障制度的一部分，也是公共服务重要的组成部分，与公共服务中的养老服务、医疗、就业等民生性服务息息相关，是国家通过强制保险的手段对国民的部分风险予以保障，是促进社会稳定和谐发展的重要手段。目前我国的社会保险主要包括养老保险、医疗保险、失业保险、工伤保险和生育保险。基于公共服务均等化来分析京津冀社会保险服务的均等化会是一个崭新的视角，并且能够给三地的协同发展提供新的思路和发展方向。

一、公共服务均等化中的社会保险服务均等化

社会保险服务均等化目前在国内尚无完整的定义，但是结合公共服务均等化的内涵，可以定义为：社会保险服务均等化是指基于公平公正服务人民、高质量高效率的制度，以保障权利提升效益为价值追求，以健全基本养老保险、基本医疗保险、工伤保险、失业保

险、生育保险的供给机制为重点，推进城乡、区域、不同人群间社会保险制度统一、标准一致、水平均衡，保障城乡居民公平、可持续地享有社会保险公共服务的动态过程。

社会保险服务均等化的意义在于以下几点：

（一）体现社会保险的社会性及收入再分配效用

对于不同的劳动者而言，其首次收入具有差别性，这是由个体所处社会阶层、个人能力、人生际遇等不同情况造成的客观存在的差别性。这一差别性决定了各国政府必须实行社会保险，通过这一形式对一部分国民收入进行组织和重新分配，对各种社会风险进行有效规避，从而有效保障参保人在遭遇事故、收入中断时的基本生活条件，免除其后顾之忧，使其安居乐业，进而稳定社会秩序，发展社会生产。社会保险的服务对象是法律规定范围内的所有参保人，保障的是全体劳动者及其家属的基本生活，其保障功能辐射的范围比较广泛。社会保险的社会性以及收入再分配效用，必然促使社会保险逐渐趋向均等化。社会保险是一种特殊的、比较复杂的福利措施，其保险资金的来源一般是个人、企事业单位缴纳的社会保险费和政府必要的补贴，它涉及国家、企业和个人三者利益以及各经济部门之间的利益，需要协调各方面的经济关系。社会保险功能的实现依赖的是全社会的资源，其资金来源呈现社会化的特性，因此在客观上必然要求社会保险基本公共服务向均等化发展，才能充分体现其社会共济的公平特性。

（二）保障全体公民的基本生活

目前我国的社会保险事业是在单位保障的基础上进行改革和发展，在制度设计上先天就侧重于城镇的正规就业职工，其他群体的社会保险服务覆盖在很长一段时间内都没有被纳入制度设计的考虑范围之内。这是与社会保险服务均等化的发展目标相悖的。社会保险的社会性决定了其必然向均等化的方向发展，这是其内在特性决定的。社会保险应保障全体公民的基本生活，应与单位本身的保障严格区分开来，不仅应保障正规工作单位的职工，还应包括非正规就业职工、未就业居民、农民等社会群体，并逐步趋向均等化，覆盖全体公民，才能更好地体现社会保险的社会共济性。

（三）符合生产力水平的发展要求

社会保险服务均等化程度由生产力决定。具体而言，社会保险的规模、范围、形式和救济水平都受制于一定的生产力发展水平。因此，社会保险基本公共服务均等化必然与特定时期的生产力水平相符合，其均等化程度的提升是一个循序渐进的过程。由于社会保险保障的范围广泛，保障的内容较多，加之为了保持劳动者持续就业的兴趣和积极性，社会保险的保障水平应与劳动者的基本生活需要相适应，社会保险的保障水平不可能也不允许超越满足人们基本生活需要的界限。过高的社会保险保障水平不仅会造成巨大的社会负担，而且容易出现劳动者不愿就业的“劳动力真空”等负面效应。

二、社会保险服务均等化的实现路径

（一）建立并完善与经济发展水平相适应的社会保险制度

根据国际经验和我国国情，建立均等化程度较高的社会保险制度不可能一蹴而就，必须进行一系列的制度改良，历经不断完善和发展的过程。与经济发展水平相适应，是社会保险服务均等化最基本的要求。尤其是对于京津冀三地而言，应结合三地的经济发展水平，打造与之相匹配的社会保险制度。此外，政府应该按照人民日益增长的社会保险服务需求，加快建立健全与我国国情和经济发展水平相适应的社会保险体系，并通过立法的形式加以确定，依法明确社会保险服务主体、对象的权利和义务，明确服务职责和标准，为社会保险服务提供有效的法律保证。

（二）推进农村社会保险制度建设，促进城乡协调发展

推进农村社会保险制度建设，满足占我国总人口70%的农村居民的社会保险需求，是促进我国城乡协调发展的重要环节，也是促进我国社会保险服务均等化的客观要求。现阶段农村社会保险仍处于初级发展阶段。在农村社会保险制度设计方面，我国目前已设立新型农村居民养老保险、新农合等相关社会保险制度，但参保覆盖面仍偏小，根源在于我国城乡的二元经济体制造成的城乡发展不均衡。在京津冀三地中，河北作为农业大省，农业人口占全部人口的2/3以上，在京津冀协同发展的过程中，这也是实现均等化发展

的重要阻碍。通过农村社会保险的进一步落实，能够解决河北农村经济发展严重落后、社会保障严重不足的问题。

（三）实现社会保险服务的全民覆盖

我国目前社会保险的特点是“广覆盖、保基本、多层次、可持续”，因此实现全民社会保险的基本覆盖是我们所追求的目标。

在法律层面，应追求全民覆盖的保障范围。法律的理念在于追求社会公平。公平分为过程公平和结果公平，目前的社会保险体系是过程公平，无法做到保证每一位公民都能享受到最好的社会保险服务，但是要保证每一位公民都拥有参与社会保险的权利，并按照自己的需求和能力缴纳社会保险。现阶段，虽然京津冀地区已经基本实现社会保险的覆盖，但是在河北一些地区，社会保险的覆盖程度还远远不足，保障力度也远低于北京和天津。在此基础上，我们需要通过相应的法律法规来全面保障社会保险的覆盖水平，充分发挥法律倒逼机制的作用，促进社会保险的全民覆盖。

目前我国的社会保险服务还未完全覆盖的对象和人群包括：按规定应纳入社会保险覆盖范围但仍未参保的国有企业、集体企业、私营企业、港澳台及外资企业；参保企业中未缴费的在职职工；城镇个体工商户及自由职业者；农村居民。

三、基本公共服务非均等化原因分析

京津冀基本公共服务供给存在差异的原因是多方面的，既有历史的因素，又有现实的制约，是地理因素、财政制度、现存条件下长期以来形成的。总体而言，主要可分为以下几个方面：

（一）京津冀之间存在财政实力的巨大差异

财政实力的差异是造成京津冀基本公共服务差异的主要原因。一般而言，一个地区的地方财政收入水平决定了该地区的基本公共服务水平，地方政府的财政收入水平直接影响着地方政府在公共服务领域的支付能力，也直接影响着该地区的公共服务供给水平。2017年，北京的人均地区生产总值为128 994元，天津为118 944元，而河北的这一数值仅为45 387元，只有北京平均水平的35.19%、天津的38.16%，经济发展在三地的比较中极度滞后。地方财政一般预算收入上，2017年北京为5 430.79亿元，天津为2 310.36亿元，河北为3 233.83亿元，即使在人口基数差异较大的基础上也有较为明显的差距。在教育领域和公共卫生领域，河北人均经费和软实力上都与京津地区有着较大的差距。在人均公共财政服务支出方面，河北分别仅占北京和天津的49.04%和58.81%，差距悬殊。以经济发展水平的极度不平衡为基础的公共预算投入严重不足，是造成河北成为京津冀基本公共服务均等化进程中短板的主要因素。

（二）相关制度安排和法律保障存在不足

在国家大力推动京津冀一体化建设的大背景下，京津冀公共服务在制度建设和法律法规完善方面取得了重大进步，但是从总体上来看，保障地方政府财权和事权匹配的约束性法律体系仍然缺失，导致基本公共服务非均等化逐渐加深。当前京津冀三地都未对基本公共服务均等化进行立法，也未建立区域公共服务约束性的法律体系，基本公共服务提供的正外部性并没有得到有效兑现，各地方政府在公共服务提供上还有着很强的地域性和地方保护主义，区域内公共服务的均等化提供不能仅仅依靠少数的政策文件实现，《京津冀协同发展规划纲要》中传达的精神在基本公共服务均等化上的落实需要更为具体和有力的法律来辅助实现。当下京津冀区域内各地基本公共服务自成体系，供给的标准和方式都有着巨大差异，缺乏保障各地政府财权和事权匹配的顶层设计。尤其是京津冀三地的财税体制方面，三地之间的财源和财政收入竞争实质上是京津对河北“虹吸现象”的不平等利益的争夺，而三地之间又缺乏健全的横向转移支付制度，进一步阻碍了基本公共服务的均等化。因此，要建立长效的维护京津冀地区整体利益的规章制度，对违反协议并对其他地区造成直接或间接损失的行为确定经济或政治责任，加强顶层设计，从宏观上对京津冀基本公共服务均等化提供总体规划和制度设计。

（三）基本公共服务供给模式单一

长期以来，以京津冀地区为代表的我国公共服务的供给都是由政府主导，并将具体的投入、建设和分配大包大揽，集决策者、提供者和监督者于一身。在实践中，由于对公众的需求偏好缺乏深入了解，中间层级过多造成效率损失，造成上级决策与基层执行、集中供给与多元化需求的矛盾，公共服务均等化流于表面，导致基本公共服务总量不足和局部浪费并存的局面。当前京津冀基本公共服务的发展中,市场的决定性作用未能得到充分的发挥。此外,虽然北京和天津在试点市场力量参与公共服务提供中取得了不俗成果和宝贵经验,但是基本公共服务供给的多元化还有待发展;尤其受经济发展水平的影响,相对于北京和天津,河北的供给多元化水平低下。党的十八届三中全会提出“建设统一开放、竞争有序的市场体系,是使市场在资源配置中起决定性作用的基础”,所以在京津冀一体化进程中,要充分发挥基本公共服务供给的多元化,更多地引入市场机制,更快地实现京津冀基本公共服务均等化目标。

(四)公共资源配置不合理

在历史和文化因素长期积淀的环境下,大量的优质公共资源集中配置在京津,尤其以北京为多。京津名牌大学高度聚集,北京拥有8所世界一流大学建设高校、21所一流学科建设高校;天津拥有2所世界一流大学建设高校、3所一流学科建设高校;而河北目前还没有世界一流大学建设高校,仅有1所一流学科建设高校,办学地点却设在天津。在医疗卫生领域,北京集中了大量知名综合性三甲医院,2019年北京有58所三甲医院,天津有31所,河北有48所。平均地域人数和面积来看,河北数量仍低于北京和天津。这种情况使得大量的人口与社会经济资源向北京和天津聚集,超出了两市的承载能力;同时使得河北大量的高端人才和优质社会经济资源外流,河北大部分的社会公众难以享受到接近北京和天津的社会公共服务的水平。这就成为使河北在京津冀基本公共服务均等化过程中处于不利地位的历史因素。

（五）绩效评价体系不健全

绩效考核一般是指政府、社会或专家团体对政府公共部门管理过程中投入和产出的绩效进行评定及划分等级的过程。在目前京津冀地区的实践中，对于京津冀基本公共服务均等化的建设缺乏全面的评价指标和科学的评价方式，缺乏相应的激励和约束体制，没有将基本公共服务均等化成果纳入政府绩效考核体系，缺乏相应的激励和约束机制，政府、中介机构、公众等尚未建立多元协调互补的考核评价体系对一体化的全过程进行监督评估。地方领导干部综合绩效管理和政府绩效考核都未将基本公共服务均等化政策和过程进展列入考核标准，故而地方政府普遍缺乏基本公共服务均等化建设中的主体意识，相应缺乏在供给中的主体责任意识和服务功能。此外，京津冀基本公共服务均等化建设中的绩效评价缺失也和长期形成的三地间行政壁垒有关，京津冀行政区划方式的独特性和长期积累的历史原因，对地区间的平等交流和合作造成无形的障碍。所以，必须解决京津冀三地间由于沟通和效率分享上造成的绩效评估方式与配套绩效评价体系缺乏的问题，推进京津冀基本公共服务共建共享的绩效评价体系的完善。

（六）河北城市化水平区域内严重脱节

城市化是一个多维的概念，城市化内涵包括人口城市化、经济城市化（主要是产业结构的城市化）、地理空间城市化和社会文明城市化（包括生活方式、思想文化和社会组织关系等的城市化）。城市化的过程就是在一个相对较小的地理区域内人口和社会经济资源的大量聚集，由横向发展转变为纵向发展，实现对各种社会资源的集约、节约利用。在同等条件下，基本公共服务作为向全体社会成员提供的公共产品，人口的聚集程度越高，公共资源的集约、节约利用水平就越高。北京和天津作为以特大型城市为核心的都市型社会经济体，具有非常高的城市化水平；而在京津冀一体化进程中与之形成鲜明对比的是，河北人口众多、乡村人口占比大，地域广阔，城市化的水平不高，提高城市化率的任务十分艰巨。河北 2021 年年底城镇人口占比仅为 61.14%，在全国各省市中排名靠后，而同期北京的这一数据为 87.50%，天津为84.88%。这说明河北在公共资源相对有限的不利条件下，还要承担社会公众的公共服务需求较为分散的附加成本，导致各项公共服务基础设施利用率与北京和天津相比较低。这种情况不仅对河北的公共服务质量提升产生了不利影响，而且拖了京津冀一体化进程中基本公共服务均等化发展的后腿。城市化水平的滞后是河北在京津冀基本公共服务均等化进程中处于落后地位的客观因素。

第五章　京津冀三地社会保险协同发展的制度设计

第一节　京津冀社会保险制度现状

一、养老保险制度现状

总体来看，目前京津冀三地的养老保险制度已经基本稳定，三地框架也正在逐步统一。养老保险方面，京津冀三地主要将养老保险分为两大块：一是城镇职工养老保险，主要针对劳动年龄内的个体；二是城乡居民养老保险，主要针对没有参加城镇职工养老保险的其他居民。京津冀三地分别依据《北京市基本养老保险规定》《北京市城乡居民养老保险办法》《天津市城镇企业职工养老保险条例》《天津市城乡居民基本养老保险实施办法》《河北省统一企业职工基本养老保险制度实施办法》《河北省完善企业职工基本养老保险制度实施意见》等制度，基本全面覆盖所在地的居民。其中，在京津冀协同发展的整体框架下，为了劳动力的充分流动不受阻碍，进一步加强京津冀区域经济的协同发展，关于城镇职工相关的养老保险制度是重中之重。从表5-1中可以看出京津冀三地城镇职工养老保险细则上的异同。

表 5-1 京津冀城职保制度基本框架

分类		地区		
		北京	天津	河北
个人缴费	缴费基数	本人上一年度月平均工资		本人上月实发工资
	缴费区间	缴费工资基数低于本市上一年度职工月平均工资 60%的，以本市上一年度职工月平均工资的 60%作为缴费工资基数；超过本市上一年度职工月平均工资 300%的部分，不计入缴费工资基数，不作为计发基本养老金的基数		
	缴费比例	8%		
企业缴费	缴费基数	全部城镇职工缴费工资基数之和		上月全部职工工资总额
	缴费比例	20%		
计发待遇	基础养老金（月单位）	本市上一年度职工月平均工资和本人指数化月平均缴费工资的平均值为基数，缴费每满 1 年增发 1%	退休时全省（市）上一年度在岗职工月平均工资和本人指数化月均缴费工资的平均值为基数，缴费每满 1 年增发 1%	
	个人账户养老金	个人账户储存额除以国家规定的计发月数		
不同群体待遇	“新人”标准	1998 年 7 月 1 日以后参加工作	1998 年 1 月 1 日以后参加工作	1996 年 1 月 1 日以后参加工作
	“新人”计发待遇	基础养老金＋个人账户养老金		
	“中人”标准	1998 年 6 月 30 日以前参加工作，2006 年 1 月 1 日以后退休	1997 年 12 月 31 日以前参加工作，2006 年 1 月 1 日以后退休	1996 月 12 月 31 日以前参加工作，2006 年 1 月 1 日以后退休
	“中人”计发待遇	基础养老金＋个人账户养老金＋过渡性养老金（河北称调节金）		
	“老人”标准	2005 年 12 月 31 日之前已经退休		
	“老人”计发待遇	按照原标准发放养老金		

（续表）

分类		地区		
		北京	天津	河北
	特殊群体	个人缴费年限累计不满十五年		
	计发待遇	不享受基础养老金，一次性支付个人账户的储存额，同时发给一次性养老补偿金	不享受基础养老金，个人账户储存额一次性支付	

资料来源：根据《北京市基本养老保险规定》《天津市城镇企业职工养老保险条例》《河北省统一企业职工基本养老保险制度实施办法》《河北省完善企业职工基本养老保险制度实施意见》等政策文件整理得到。

由表 5-1 可以看出，虽然京津冀三地的城职保制度基本相同，在缴费基数、计发待遇、不同群体待遇上都有着高度的一致性，但是由于基数中仍然与当地上一年度职工平均月工资挂钩，因此三地在发放养老金的具体实践过程中仍会存在较大差异。

此外，国务院于 2014 年发布的《关于建立统一的城乡居民基本养老保险制度的意见》（国发〔2014〕8 号）中，决定将新农保和城居保两项制度合并实施，并且在全国范围内建立统一的城乡居民基本养老保险制度，即统一城职保制度所保障人群之外的其他养老保险制度，在此基础上，京津冀三地的城乡居民基本养老保险制度也得以实施。

从表 5-2 中可以看出，京津冀三地的城乡居民养老保险制度差异较城镇职工养老保险制度有着很大差异，北京的城乡居民缴费标准与农民年收入挂钩，更灵活可变，同时基础养老金也是三地之中最高的，相比之下天津与河北的缴费以及基础养老金部分都相对固定，按不同档位进行划分，同时河北的基础养老金大大低于北京与天津，这也体现出京津冀三地在城乡居民养老保险制度上的较大差异。

表 5-2　京津冀城乡居民基本养老保险制度框架

分类		地区		
		北京	天津	河北
个人缴费标准（均为年度缴费）	最低标准	上一年度农村居民人均纯收入的9%	每人每年600元	每人每年100元
	最高标准	上一年度城镇居民人均可支配收入的30%	每人每年3 300元（共10档，每档差额300元）	每人每年3 000元（共13档，前10档差额100元，后3档差额500元）
集体补助	有条件的集体经济自行补助			
政府补贴		无	每人每年60—150元（共10档），匹配缴费档位补贴	100—400元档位每人每年30元，500元及以上档位每人每年60元
计发待遇	基础养老金	每人每月280元	每人每月220元，累计缴费超过15年，每超过1年，每月增发4元	中央基础养老金每人每月55元+省级补贴5元+区市县自行补贴；累计缴费超过15年，每超过1年，每月增发1元
	个人账户养老金	个人账户储存额除以国家规定的计发月数	个人账户储存额除以139	

资料来源：根据《北京市城乡居民养老保险办法》《国务院关于建立统一的城乡居民基本养老保险制度的意见》《天津市城乡居民基本养老保险实施办法》《河北省人民政府关于完善城乡居民基本养老保险制度的实施意见》等政策文件整理得到。

从图5-1的对比可以看出，京津冀城职保的覆盖率存在较大的差异，尤其是河北的覆盖率比例落后较多。此外，图5-2的京津冀三地人均可支配年收入的明显差距也是造成三地覆盖率差异的原因之一，三地之间不平等的经济地位大幅影响着社会保险制度衔接的健全与完善。

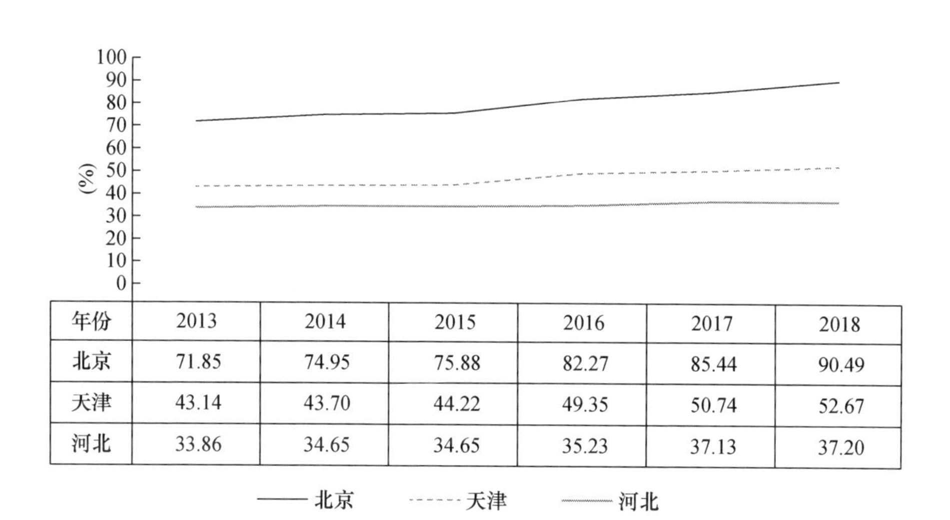

年份	2013	2014	2015	2016	2017	2018
北京	71.85	74.95	75.88	82.27	85.44	90.49
天津	43.14	43.70	44.22	49.35	50.74	52.67
河北	33.86	34.65	34.65	35.23	37.13	37.20

图5-1　2013—2018年京津冀城职保参保人口数比例

资料来源：国家统计局。

注：计算公式为参保人口数比例＝地区城镇职工参加养老保险人口数/年底城镇人口数×100％。

二、医疗保险制度现状

国务院2016年颁布了《关于整合城乡居民基本医疗保险制度的意见》(国发〔2016〕3号)，在此之后，全国各地逐步将城镇居民医保和新农合两项制度合并为统一的城乡居民基本医疗保险制度。

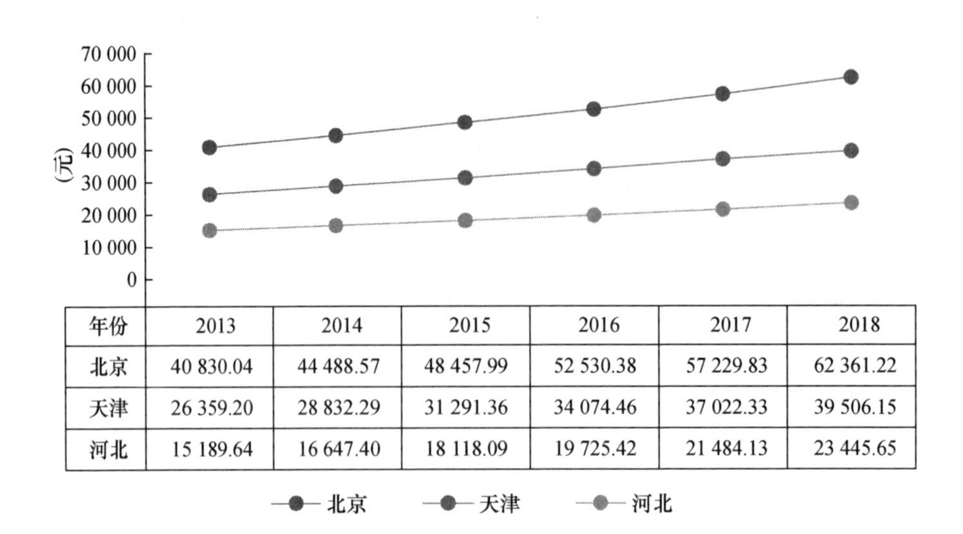

年份	2013	2014	2015	2016	2017	2018
北京	40 830.04	44 488.57	48 457.99	52 530.38	57 229.83	62 361.22
天津	26 359.20	28 832.29	31 291.36	34 074.46	37 022.33	39 506.15
河北	15 189.64	16 647.40	18 118.09	19 725.42	21 484.13	23 445.65

图 5-2　2013—2018 年京津冀三地居民人均可支配年收入

资料来源：国家统计局。

因此，目前京津冀三地的医疗保险制度主要围绕城镇职工医疗保险和城乡居民医疗保险两项基本医疗保险来展开，从而覆盖了各类人群。

（一）北京

图 5-3 是北京目前的基本医疗保险体系结构，其中就业人员的按照是否为正规就业区分为城镇职工医疗保险和灵活就业人员医疗保险，然而在实际的划分制度上，灵活就业人员医疗保险类似于城镇职工医疗保险的一条分支。灵活就业人员实际上不存在企业单位缴费的部分，同时在缴费标准上有所不同，不过最终享受到的待遇水平与城镇职工相比并无太大差异。在整合了城镇居民医保和新农合之后，城乡居民基本医疗保险将没有参加就业人员医疗保险之外的人群都纳入，这部分人群主要包括学生儿童、劳动年龄内

居民以及老年人，其中城乡居民大病医疗保险是覆盖所有城乡居民的大病报销机制，这也是针对非就业人群的“补充医疗保险”。表5-3是北京目前基本医疗保险的对比。

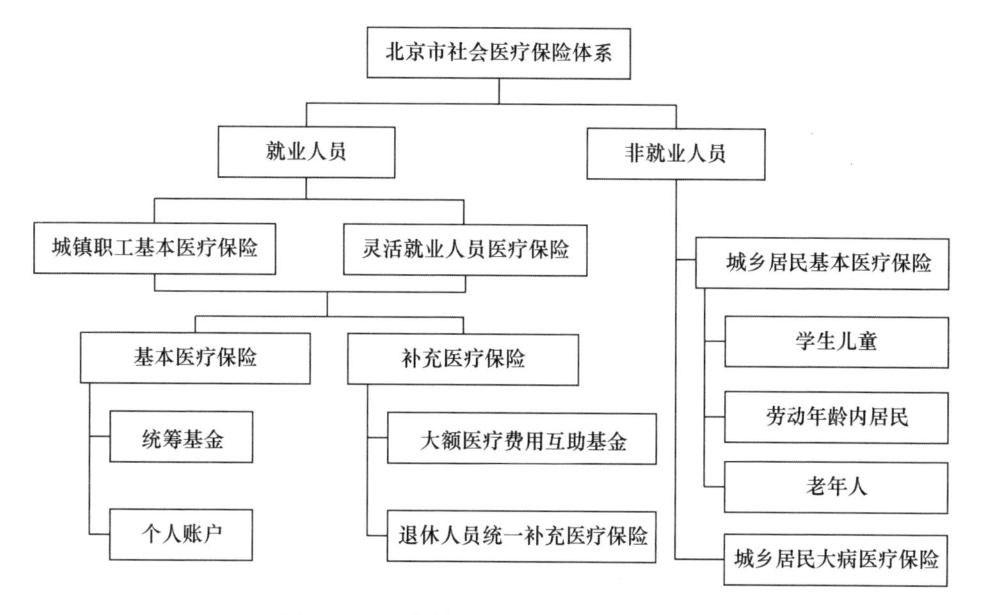

图 5-3　北京基本医疗保险体系结构

资料来源：《北京市城乡居民基本医疗保险办法》《北京市基本医疗保险规定》《北京市灵活就业人员参加职工基本医疗保险办法》等政策文件。

表 5-3　北京基本医疗保险分类对比

	城镇职工基本医疗保险	灵活就业人员医疗保险	城乡居民基本医疗保险
保障对象	城镇职工、农民工	个体户、自由职业者	未参与前两者的人群（学生儿童、劳动年龄内居民、老年人）
缴费期限	男满25年、女满20年		/
保障期限	终身		当期
管理机构	劳动保障行政部门		
统筹层次	市级统筹		

（续表）

<table>
<tr><td></td><td colspan="2">城镇职工
基本医疗保险</td><td>灵活就业人员
医疗保险</td><td colspan="3">城乡居民
基本医疗保险</td></tr>
<tr><td>保险性质</td><td colspan="2">强制性</td><td>自愿性</td><td colspan="3">自愿性</td></tr>
<tr><td rowspan="6">基金筹集</td><td rowspan="3">单位</td><td rowspan="3">全部职工缴费工资基数之和的9%</td><td rowspan="6">上年本市职工月平均工资的70%为缴费基数，按照7%的比例缴纳</td><td rowspan="2">学生儿童</td><td>个人</td><td>180元/年</td></tr>
<tr><td>政府</td><td>1 430元/年</td></tr>
<tr><td rowspan="2">劳动年龄内居民</td><td>个人</td><td>300元/年</td></tr>
<tr><td rowspan="3">个人</td><td rowspan="3">本人上年月平均工资的2%</td><td>政府</td><td>1 430元/年</td></tr>
<tr><td rowspan="2">老年人</td><td>个人</td><td>180元/年</td></tr>
<tr><td>政府</td><td>1 430元/年</td></tr>
</table>

资料来源：《北京市城乡居民基本医疗保险办法实施细则》《北京市灵活就业人员参加职工基本医疗保险办法》《北京市基本医疗保险规定》等政策文件。

（二）天津

表5-4是天津目前基本医疗保险的分类状况，与北京相比，天津医疗保险体系区分主要在于将农民工（与用人单位建立短于一年的劳动关系）的医疗保险与城镇职工基本医疗保险分开，对于短期的

表5-4　天津市基本医疗保险分类对比

<table>
<tr><td></td><td>城镇职工基本医疗保险</td><td>城乡居民基本医疗保险</td><td>农民工医疗保险</td></tr>
<tr><td>保障对象</td><td>城镇职工以及与单位建立一年以上稳定劳动关系的农民工</td><td>老人、学生儿童、劳动年龄内居民、灵活就业人员</td><td>与单位建立一年以下劳动关系的农民工</td></tr>
<tr><td>缴费期限</td><td>男满25年、女满20年</td><td>/</td><td>劳动期限内</td></tr>
<tr><td>保障期限</td><td>终身</td><td colspan="2">当期</td></tr>
<tr><td>管理机构</td><td colspan="3">劳动保障行政部门</td></tr>
<tr><td>统筹层次</td><td colspan="2">市级统筹</td><td>区县统筹</td></tr>
</table>

（续表）

<table>
<tr><td></td><td colspan="2">城镇职工基本医疗保险</td><td colspan="4">城乡居民基本医疗保险</td><td>农民工医疗保险</td></tr>
<tr><td>保险性质</td><td colspan="2">强制性</td><td colspan="4">自愿性</td><td>强制性</td></tr>
<tr><td rowspan="8">基金筹集</td><td rowspan="4">个人</td><td rowspan="4">本人上年月平均工资的2%</td><td rowspan="6">成年居民</td><td rowspan="2">高档</td><td>政府</td><td>230元/年</td><td rowspan="8">农民工个人不缴费，用人单位按月缴纳：天津上年职工月平均工资×60%×3.5%</td></tr>
<tr><td>个人</td><td>330元/年</td></tr>
<tr><td rowspan="2">中档</td><td>政府</td><td>190元/年</td></tr>
<tr><td>个人</td><td>160元/年</td></tr>
<tr><td rowspan="4">单位</td><td rowspan="4">职工个人缴费基数之和的9%</td><td rowspan="2">低档</td><td>政府</td><td>160元/年</td></tr>
<tr><td>个人</td><td>60元/年</td></tr>
<tr><td rowspan="2">学生儿童</td><td rowspan="2">学生儿童档</td><td>政府</td><td>50元/年</td></tr>
<tr><td>个人</td><td>50元/年</td></tr>
</table>

资料来源：《天津市基本医疗保险条例》《天津市城镇职工基本医疗保险规定》《天津市城乡居民基本医疗保险规定》《天津市农民工医疗保险办法实施细则》等政策文件。

劳动者而言，他们面临的医疗保险将由用人单位全额负责缴纳，这在一定程度上是对劳动者的保护。同时，天津的城乡居民基本医疗保险将成年人区分为三档，有助于居民自主选择。

（三）河北

河北面积大，省内的经济水平发展不均衡，目前实现了市级统筹，还并未实现省级统筹。河北2017年发布了《河北省人民政府关于建立统一的城乡居民基本医疗保险制度的意见》，从此之后河北的基本医疗保险合并为三大部分：城镇职工基本医疗保险、城乡居民基本医疗保险、城乡居民大病医疗保险。其中城镇职工基本医疗保险实行属地管理制度，职工需要参加所属就业区域的医疗保险；此外，在河北十一个地级市之外的省直单位及其员工为单独管理的政策，参加河北省省直职工基本医疗保险。同时，河北将农民工和灵活就业人员划入城镇职工基本医疗保险制度，将劳动年龄内居民、学生儿童和老年人划入城乡居民基本医疗保险。

对于城镇职工医疗保险的缴费标准及待遇，河北相关政策明确说明个人缴费标准为个人上年度工资收入的 2%，单位缴费标准以上一年度单位职工工资总额的 6.5%为线，各城市根据各自的发展水平确定，但原则上不得低于 3.5%。在实际运行过程中，各地区在执行上出现了较大的差异，其中唐山市的单位缴费基数为上一年度总额和未达到缴费年限退休人员本人养老金之和，其他市用人单位的缴费均是以上一年度职工工资总额作为缴费基数（见表 5-5）。

表 5-5 河北城市间职工医疗保险缴费率及统筹基金待遇对比

城市	单位比例（%）	个人比例（%）	住院起付线（元）	报销比例（%）	封顶线（万元）
石家庄	8.0	2	300—1 000	80—92	20.0
唐山	7.0	2	300—1 100	85—88	5.5
秦皇岛	7.5	2	600—840	85—95	7.0
邯郸	7.5	2	200—700	85—94	6.0
邢台	6.0	2	400—800	75—88	7.0
保定	6.0	2	200—600	82—92	6.5
张家口	6.5	2	300—800	83—93	6.0
承德	6.5	2	200—700	82—89	6.0
沧州	7.5	2	300—900	90—93	7.0
廊坊	7.0	2	900—1 200	85—94	7.0
衡水	6.0	2	200—600	88—92	8.0
省直职工	6.5	2	400—800	75—93	7.0

资料来源：河北省各市城镇职工医疗保险相关规定政策文件及河北省各市人力资源和社会保障局网站等。

总体来看，目前北京和天津在基本医疗保险上实现了省级统筹，而河北实现了市级统筹，因此三方在制度衔接的过程中会出现一定的问题。同时河北各市缴费标准、享受待遇的不同在一定程度上也会阻碍劳动力的流动，不利于京津冀的协同发展。

三、失业保险制度现状

如表 5-6 所示，目前京津冀三地的失业保险制度都在不断完善，个人以及单位的缴费标准在《失业保险条例》中规定的合计 2%的基础上，各地结合自身经济状况进行了调整，目前北京的个人缴费比例降至 0.2%，而河北在经历三次调整之后达到了 0.3%。

表 5-6 京津冀三地失业保险缴费及领取标准

<table>
<tr><th colspan="2" rowspan="2">分类</th><th colspan="4">地区</th></tr>
<tr><th>北京</th><th colspan="2">天津</th><th>河北</th></tr>
<tr><td rowspan="4">缴费标准</td><td>个人基数</td><td colspan="4">本人上年月平均工资</td></tr>
<tr><td>缴费比例</td><td>0.2%</td><td colspan="2">0.5%</td><td>0.3%</td></tr>
<tr><td>单位基数</td><td colspan="4">本单位职工上年月平均工资总额（外资企业只计算中方职工）</td></tr>
<tr><td>缴费比例</td><td>0.8%</td><td colspan="2">1%</td><td>0.7%</td></tr>
<tr><td rowspan="6">失业金待遇（领取保险金的最长时间，T 为失业年数）</td><td>$2>T>1$</td><td>3 个月</td><td colspan="2">6 个月</td><td>3 个月</td></tr>
<tr><td>$3>T>2$</td><td>6 个月</td><td colspan="2">6 个月</td><td>6 个月</td></tr>
<tr><td>$4>T>3$</td><td>9 个月</td><td colspan="2">12 个月</td><td>9 个月</td></tr>
<tr><td>$5>T>4$</td><td>12 个月</td><td colspan="2">12 个月</td><td>12 个月</td></tr>
<tr><td rowspan="2">$T>5$</td><td rowspan="2">$12+(T-5)$，但不得超过 24 个月</td><td>$10>T>5$</td><td>18 个月</td><td rowspan="2">$12+(T-5)$，但不得超过 24 个月</td></tr>
<tr><td>$T>10$</td><td>24 个月</td></tr>
</table>

资料来源：《北京市失业保险规定》《河北省失业保险实施办法》《天津市失业保险条例》及各省市人力资源和社会保障局网站最新数据等。

四、工伤保险制度现状

在工伤保险的协同发展领域，京津冀三地人社部门于2018年签订了《京津冀工伤保险工作合作框架协议》，明确了三地将会在工伤认定、工伤劳动能力鉴定和工伤医疗康复三个方面展开合作：在工伤认定方面，三地可相互委托对事故伤害进行工伤认定的现场调查核实事宜，调查结果互认并转交委托方；工伤劳动能力鉴定方面，三地建立相互委托劳动能力鉴定制度，工伤职工、用人单位经协商一致，可就近委托经营地地市级以上劳动能力鉴定委员会进行鉴定，鉴定项目以伤残等级鉴定为主；工伤医疗康复方面，三地互认对方签订的工伤医疗康复协议服务机构，根据工伤职工的医疗康复需要，在企事业单位较为集中的地区，三地在北京、天津、河北雄安新区各确定一两家协议机构，适时推进京津冀工伤协议机构的异地管理。此项协议在一定程度上推动了三地社会保险领域的协同发展进程。

因为工伤保险本身的费率对于不同的行业和不同的年份存在差异，所以京津冀三地的工伤保险都采取浮动费率制度，用人单位在按照当前的工伤保险费率进行缴纳的基础上，再根据企业工伤保险基金的支付费用增长率、企业安全生产标准化达标情况和企业发生安全责任事故的情况来核定下一年度浮动的工伤保险费档次。

当下对行业进行划分的主要依据为《国民经济行业分类》(GB/T 4754-2011)，工伤风险类别根据不同行业被区分为一类至八类。

北京根据2016年发布的《北京市工伤保险浮动费率管理试行

办法》，规定一类至八类的基准费率分别为 0.2%、0.4%、0.7%、0.9%、1.1%、1.3%、1.6%、1.9%。一类行业被划分成三个档次，即根据基准费率，可以向上浮动到 120%和 150%；二类至八类行业被划分成五个档次，即根据基准费率，可以根据有关规定分别向上浮动到 120%和 150%，或者向下浮动到 80%和 50%。

河北根据 2015 年发布的《关于调整工伤保险费率政策的通知》（人社部发〔2015〕71 号），规定具有不同类型工伤风险的行业应适用不同的工伤保险行业基准费率，每个行业的工伤风险类别相对应的省级工伤保险行业基准费率，一类至八类分别控制在该行业用人单位职工工资总额的 0.5%、0.7%、1.0%、1.2%、1.5%、1.7%、1.9%、2.5%。

天津根据《关于调整工伤保险费率政策的通知》，按照国家要求规定一类至八类的基准费率分别为本行业用人单位职工工资总额的 0.2%、0.4%、0.7%、0.9%、1.1%、1.3%、1.6%、1.9%。在浮动费率部分，天津根据 2007 年发布的《天津市工伤保险浮动费率管理暂行办法》，规定其中上浮最高不超过行业基准费率的 150%，下浮不低于行业基准费率的 50%。

五、生育保险制度现状

2019 年国务院办公厅发布的《关于全面推进生育保险和职工基本医疗保险合并实施的意见》（国办发〔2019〕10 号）指出，要将生育保险纳入医疗保险的范围，统一进行参保登记，进行统一的基金征缴和管理以及统一的医疗服务管理。在此基础上，京津冀三地分别出台了《北京市生育保险和职工基本医疗保险合并实施意见》《天津市职工生育保险和职工基本医疗保险合并实施意见》《河北省关于全面推进生育保险和职工基本医疗保险合并实施的实施意见》等政策文件，推进了该项政策的实施。

目前京津冀三地的生育保险部分由用人单位统一上缴，个人无须缴费。其中，北京用人单位在包含生育保险部分后的基本医疗保险缴费比例为9.8%。对于天津而言，在统账结合模式下的用人单位及其在职职工，职工基本医疗保险中单位缴费的费率为10.5%；在大病统筹模式下的用人单位及其在职职工，职工基本医疗保险中单位缴费的费率为8.5%。此外，河北规定，全额拨款的事业单位和党政机关所承担的生育保险缴费比例不高于0.4%，其他用人单位承担的生育保险缴费比例不高于1%。

第二节　京津冀社会保险面临的障碍与问题

一、经济发展水平不均衡是最大障碍

从本质上看，我们可以将社会保险制度看作一种对社会再生产的再分配环节，其中的分配环节从属于生产环节，尤其养老保险制度更是一种收入的再分配，对个体而言是个人收入的分期平滑，对整体而言是缩小贫富差距的手段之一，因为社会保险制度本身的效用还是取决于生产环节，也就是各地的经济发展水平。社会保险协同发展也取决于狭义上的经济协同发展。目前来看，京津冀三地的经济发展水平差异较大，还远远没有达到协同发展相对均衡的水平，这些就是京津冀三地社会保险协同发展的最大障碍。

图 5-4 中的左轴表示的是 2010—2018 年京津冀三地的人均国内生产总值（人均 GDP），右轴是京津冀城镇单位就业人员的年平均工资。由于社会保险的缴费标准和享受待遇标准均与缴费人员的工资息息相关，同时缴费基数也与当地的经济发展水平（以人均

GDP代表）有着密切的正相关性，如图5-4所示，从人均GDP的角度来看，北京和天津之间的差距并不大，而河北与北京和天津的差距较大。同样，从城镇单位就业人员的平均工资来看，京津冀三地大致形成等差数列的态势，虽然各地的水平都在上升，但是河北与北京和天津的差距非常明显，基本上只是北京水平的一半。可以看出河北的经济发展水平远低于北京和天津，这是三地社会保险协同发展的重要障碍，也是河北未来长期发展的阻碍之一。

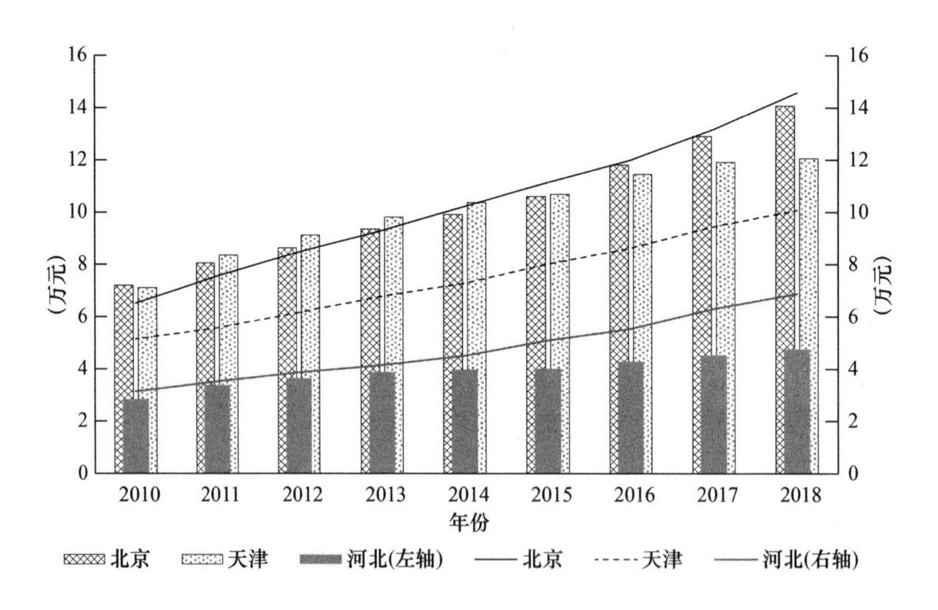

图5-4 2010—2018年京津冀人均GDP及城镇单位就业人员年平均工资

资料来源：国家统计局。

注：人均GDP＝当年该地区GDP/当年年底该地区常住人口数。

二、京津冀三地法治化社会保障协同管理机构缺失

区域之间社会保障协同涉及多方利益，在制度的运转过程中难

免会产生地区利益的冲突与不平等,即使政策所带来的总社会福利在增加,但是一旦导致区域内某些地区的利益受损,政策就无法顺利稳定地推行下去。同时,在现行的政府绩效评估标准下,地方政府追求地方利益的最大化,牺牲利益以换取合作的意愿和动力不足,市场要素本身难以在行政体制的阻碍下充分流动。同时,地方政府的社会保障制度规划很难从区域协同的角度考虑,而是更多地建立在地区本身的需求上做计划。因此,地区之间的协同需要一个具有实际行政职能的社会保障协同管理结构来落实和执行相关政策,同时也负责协调各地区之间的利益分配。

京津冀协同管理机构的现状如下:1988 年,北京与保定、廊坊等六地、市建立了市长专员联席会议制度,并且在随后建立了不同部门的联席会议制度;2008 年,京津冀建立了用于沟通产业规划等信息的联席会议和联络员制度;2014 年 6 月经中央批准,三地成立了京津冀协同发展领导小组,这是京津冀协同发展中目前最高规格的组织机构。

然而在当下京津冀的联席会议制度下,高层领导之间更多的是一种临时性的协商对话,领导小组也更多的是一种政策性的指引与协调,在行政体系内部并未形成对话机制、协调共商机制。所以,缺乏顶层设计是目前京津冀社会保险协同发展的障碍之一。

三、京津冀社会保险制度的冲突性和障碍性规定

在经济发展的不同阶段,受社会保险制度中的内生环境、多层次的社会统筹等多方面因素的影响,京津冀社会保险制度在其政策内部存在冲突性规定和对涉及社会保险关系转移接续问题的障碍

性规定,这些都客观地阻碍着京津冀社会保险的协同发展。

(一)冲突性政策规定

冲突性政策规定主要是在社会保险相关政策具体的实施细则以及内容上存在的差异。目前,京津冀三地社会保险制度的冲突性规定分为两部分:一是京津冀三地不统一的社会保险征缴管理体系。在养老保险上,目前京津冀三地均处于阶段性降费阶段,单位缴纳比例基本降至16%;但是在之前,北京单位缴纳比例为20%、天津为19%、河北为20%,存在一定的差异。此外,按照计发规定,京津冀三地的缴费基数细节也存在差异,河北的规定为全省上年度在岗职工的平均工资,而北京和天津则采取社会平均工资作为缴费基数,这就直接导致缴费额度的不同。同时,在社会保险费用的征缴问题上,在中共中央办公厅、国务院办公厅2018年出台《国税地税征管体制改革方案》之前,河北主要由地税部门负责征缴工作,而北京和天津的社会保险费用则由社保中心负责,三地存在差异。在政策出台之后,北京和天津在改革过程中会存在过渡性的摩擦,与河北的衔接上会存在一定阻碍。在医疗保险方面,河北还没有实现省级统筹,仅达到市级统筹阶段,与北京和天津相比,缴纳费率差异较大,会阻碍劳动力的正常流动。

二是京津冀三地在异地视同缴费年限的相关认定政策上存在差异。在养老保险中"中人"这部分退休群体上,三地对于其时间点的界定不同,主要原因是各地养老保险规定的更改时间以及政策落实期限存在差异,这些差异直接导致三地在接受有关"中人"这类群体的养老保险关系转移时,对时间的认定存在分歧。

三是个人账户的差别。当下河北省内地区之间经济差距悬殊,对部分地方政府多年予以补贴；而天津目前已经做实了养老保险的个人账户。而且，北京和河北的个人账户存在亏空的现象，在养老保险利益多重分配的过程中必然存在巨大的阻力。

（二）障碍性政策规定

一是社会保障关系转移接续政策规定养老保险统筹账户按照12％的比例进行转移。2009年国务院办公厅发布的《城镇企业职工基本养老保险关系转移接续暂行办法》（国办发〔2009〕66号）是京津冀目前遵循的基础文件，其中规定了统筹基金按照12％的比例转移，养老保险的个人账户虽可以由个人完全带出，但是统筹账户基金无法依据最初的20％比例全部转移，这会导致转移的统筹基金在未来不足以支付转入地养老金的资金需求，尤其在老龄化日益严重的今天，接受地会承受未来可能存在的巨大的支付资金缺口，造成较大的财政压力。由此，地方政府会更容易设定障碍性政策以阻止人员的流动尤其是老龄人口的转入，不利于京津冀协同发展。同时，由于统筹账户相关的基金与流动人口原始缴费地区的平均月工资水平有关，而与劳动力自身的贡献程度关系不够密切，因此在一定程度上会导致个人享受权利和缴费以及地方之间养老金责任的模糊性，致使养老保险无法合理地衡量流动人口福利的减少及其贡献之间的权衡取舍，从而不利于社会的公平化，也会阻碍劳动人口的自由流动。

二是目前规定下，缴费年限超10年是跨省流动就业人员将工作地作为待遇领取地的前提条件。这项政策本身对于人员的流动是一个很大的阻碍，如果就业人员的工作处于流动状态，那么很难保证其在劳动年龄内实现待遇领取地的缴费年限达到10年的要求。此外，由于受到京津冀本身经济发展水平的制约，该政策在很大程度上对个人造成了不利影响。劳动力在工作所在地按照较高的缴费标准支付了社会保险相关费用，但是退休之后将返回其户籍所在地，并且按照当地的低标准领取养老金，再加上统筹账户携带比例不完全，就会导致个体的贡献与后期的福利享受产生较大差距，权利与义务的不对等同样会阻碍京津冀的协同发展，不利于劳动人口的正常流动。

由表5-7可以看出，2016—2018年，京津两地之间社会保险跨省转移的趋势不断提升。根据北京的报告，北京的转移接续中数据都源于京津冀三地内部，但是京津冀三地每年的常住人口流动数量远远不止这些。因此，在实际的操作过程中，社会保险的转移是阻碍劳动人口流动的障碍。

表5-7 2016—2018年京津基本养老保险和基本医疗保险的转移接续现状

（单位：万人）

年份	转移类型	北京		天津	
		跨省转入	跨省转出	跨省转入	跨省转出
2016	基本养老保险	3.10	5.60	1.23	1.27
2017		3.30	6.70	2.42	1.46
2018		3.40	8.10	2.16	1.72
2016	基本医疗保险	1.80	3.30	0.80	0.87
2017		2.20	4.20	1.14	1.11
2018		2.50	5.40	1.40	1.25

资料来源：历年《北京市社会保险事业发展情况报告》和《天津市社会保险情况》等文件。

四、京津冀社会保险管理方式不同、信息化水平不足

在京津冀协同发展日益深化的过程中，管理服务的标准化水平

以及信息服务的统一化水平将会很大程度地影响区域的协同发展水平。

举例说明，在医疗保险的报销结算中，目前北京和天津已经实现了省级统筹，即在两市内部不存在异地结算的问题。对于河北而言，为了贯彻落实中央下发的有关异地就医省内直接结算的相关政策，河北于2014年1月1日起开始实行省内异地就医的直接结算，规范了各统筹地区的医保信息系统和医保目录；但是各地使用的医保系统不同，虽然异地就医结算系统采用的是统一的结算软件，但是医保卡技术的差异及医保目录的差异都会对省内异地就医造成影响。

在京津冀三地的跨省就医中，目前问题最多的是北京和河北之间的跨省就医。北京市2013年的数据显示，北京当年诊疗人次近2.2亿，当年北京市内三级医院外来就诊患者达3036万人次。而与北京毗邻的河北因优质医疗资源不足，大量病人涌入北京。据国家卫生健康委员会研究报告，北京外来就医人员中数量最多的为来自河北的，约占23%。这样巨大的数量正是京津冀三地目前面临的重要问题。

在当下大量的就医需求下，京津冀三地尚未实现跨省异地就医联网的直接结算，医疗保险的经办机构面临巨大的监管压力。在河北异地就医直接结算的相关案例中，异地就医直接结算主要牵涉就医地区和参保地区。如表5-8所示，京津冀异地就医会牵涉经办机构、医疗机构以及负责管理相关机构的上级部门，一笔医疗费用的报销需要在这样多省市的多部门间来回中转，效率低下且不够精确。截至2021年年底，还没有建立起将京津冀的医疗保险经办机构、相关定点医院和医疗保险目录全部包括的统一信息系统，地区之间尚未实现网络互通，医保经办部门难以对异地就医进行监督管理。在整个烦琐的报销过程中，任何一个步骤都存在发生道德风险的可能性。比如异地就医的流动人员存在被就医地点的医院当作自费患者处理的可能，同时也可能存在利用异地就医的联网信息不及时、不准确的空子，伪造相关病例，套取医保基金的现象。另外，京津冀三地的医保目录以及报销标准存在差异，跨省异地就医人员提供的单据以及报销凭证需要相关经办人员手动处理，难以做到高效精准。

表5-8　京津冀异地就医类型及报销政策

异地就医类型	异地定点医院	报销要求
异地安置	一、二、三级医院各选择一所，或根据本人患病种类选择专科医院	在选定医院发生的医疗费用本人先行全额垫付，后按参保地标准结算
长期驻外工作		
出差、探访亲友、临时外出	县级以上医院	医疗费用本人先行全额垫付，经用人单位核实，由用人单位与所在地社保经办机构结算
转外就医	政策规定的转诊医院责任医院	医疗费用本人先行全额垫付，以居民家庭为单位参保的，交由街道(乡镇)劳服中心统一送到社会保险经办机构；以院校、各类福利机构为单位参保的，由此类单位统一交到社会保险经办机构
慢性病择期	/	不报销
燕郊式	在河北选择两家定点医院	医疗费用本人先行全额垫付，再按照北京市城镇职工医疗保险的相关标准进行报销

第三节　京津冀社会保险协同发展的制度设计

一、建立相关法律制度

（一）建立中央立法协调机制：以地方性法律规范为切入点

对于区域的协调发展而言，政府之间临时的协作机制在一定程度上可以在短期内发挥作用，但是在长期的实践中会随着政府官员的变更和地方制度的变迁等丧失活力。因此，京津冀三地可以以地方性法律法规规范制定作为切入点。对于京津冀三地而言，建立起全国性质的统一实体法来协调立法中的冲突难度较大，同时从欧盟成功的冲突规范案例中吸取教训，引入国际私法规则，并制定地方法律规范是现实可行的。

对于地方而言，确定一个适合的“连接点”就是工作地原则。在相关社会保险的转移接续制度中引入工作地原则，即一切制度的衔接以工作地为标准。一方面，工作地原则解决了京津冀三地经济发展不均衡带来的劳动力相关福利政策的适用差异，保障了劳动力在提供高贡献的程度下能够享受到高福利；另一方面，工作地原则可以更加方便地方政府以及企业自身对于员工的管理，避免了异地办理手续以及异地就医等延伸的异地社会保障机制。此外，工作地原则还可以避免对劳动者的异地歧视，充分保障了劳动者的权利。

（二）改革现有立法协调机制："政策"转向"法治"

在目前京津冀的协调机制中，相关的合作协议更多的是一种政策性的文件指引，相关的合作协议一旦与当地的法律出现矛盾和冲突，就很容易沦为一张白纸，使得协议流于形式。我们主张在结合中央立法协调的基础上，将"政策"文件转变为"法治"文件，使合作更有效率。

具体的方式可以包括以下几类：① 进一步完善合作协议，增强其法律约束性。在现有基础上进一步细化协议操作内容细节，使得其更具可行性，同时设立相应的违约责任，增强其约束性。② 构建区域性立法协调的主要体系和工作机制。主要从以下几个方面进行：区域立法资料与信息的综合及时通报和反馈制度，地方法律草案相互协商和通报制度，立法草案共同协商机制，地方性规章制度和法规建设，中央立法执行工作的详细理论研讨和工作交流机制。③ 合理选择协调方式。2006 年 7 月，吉林省、黑龙江省和辽宁省三地签署了《东北三省政府立法协作框架协议》，这是我国首次建立区域立法合作框架的尝试，有利于预防和化解东北亚区域立法冲突。东北三省政府选择了三种模式：紧密合作、半紧密合作和分散合作。

分散合作是目前选择频率最高的方式，主要是根据各省市的实际情况独立立法，这种模式与我国的法律体系相吻合，京津冀三地也可以选择用这种方式建立协作关系。

（三）清理与整顿冲突性规定：以分段计算为原则

目前京津冀现行法律中存在大量的障碍性规定，最重要的就是京津冀三地流动人员的养老保险和医疗保险的转移接续问题。为了解决这个问题，可以参考欧盟社会保障体系的转移方式，主要保证各地遵循共同原则，即确保自由流动的劳动者不产生重复性或者遗漏性的问题。

基本原则包括但不限于：① 平等原则，以工作地的标准加入工作地的社会保险计划，并以工作地的权利和义务的对等性对劳动者进行约束，也就是上文提到的工作地原则。② 积累原则，劳动者在任何地区的工作年限以及缴费的时间都需要被承认，尤其是养老保险和医疗保险的缴费必须连续计算，其中可以根据京津冀三地的不同情况设定相关的公平动态的利益折算机制，比如在河北的缴费年限等价于北京计算后的缴费年限。以此保证劳动者的福利标准为工作地原则，同时也要保证劳动者缴费的分段记录和最终的退休地发放原则，保证劳动者的权利不受到损害。③ 社会保障基金的流动性原则，谁保险谁负责，成员的流动尽可能减少对转入地和转出地相关开支的影响。

(四)建立立法利益补偿机制:建立补偿性基金

在清理了相关的冲突性规定之后,其余的障碍性规定就主要集中于统筹基金的转移携带问题。目前京津冀协同发展不均衡,为了保障三地社会保险基金的运转不因劳动力人口的流动而出现较大缺口,三地可以以财政基金为来源设立专门的社会保险省际调节基金,建立起横向的支付制度,由财政部门针对劳动力流动过程中社会统筹部分转移所带来的利益不平衡进行动态补偿,并将个人所承担的风险和成本转移给政府。该项基金由三地按照往年的劳动力流动比例进行划分,针对上一年度的劳动力流动变化进行动态调节,建立定期动态调整机制,在保障劳动力人口顺利流动的基础上,也避免了各省市因社会保障基金的缺口而设立障碍性政策规定,这一举措可以从根源上应对障碍性规定。

二、跨区域社会保障管理机构的机制创新

(一)处理好中央与地方的协作关系:依法建立社会保障协同机构

在针对上一部分提出的法律的协作机制的基础上,京津冀三地需要建立起更加基础的行政职能部门来管理三地的社会保障机构。该社会保障协同机构的主要职能在于:① 根据京津冀三地的财政实力以及老龄化水平的不同社保负担状况调节社会保险的相关协同政策。通过一个动态的调整,设立短期、中期和长期的协同发展目

标，由社会保障协同机构制定相关细则并落实，在具备一定的实际行政职权的基础上，可以对三地的社会保障机构进行整合和联通管理，提高社会保障协同工作的效率。② 定期发布京津冀三地的社会保障协同发展报告，统计整理三地的社会保障相关数据与信息，落实协同的工作机制，保障信息的流畅传递，避免出现工作的交叉和遗漏。③ 针对京津冀三地流动人口的社会保险等相关事项进行跟踪协助，为工作提供政策和理论支持，在一定程度上保障劳动人口的顺利转移。

（二）建立起多元化的考核机制

为了提高三地政府对于京津冀协同发展工作的积极性，三地需要从制度上建立起多元化的考核机制。将对政府官员的考核机制从原本的地区性的 GDP 增长、人民生活状况等局限性的要求中脱离出来，增加关于区域性贡献的考核评价方式，即从京津冀三地在国家经济发展中的贡献、区域协同发展的质量和效益、三地在京津冀协同发展中分别作出的努力、各自省市经济社会发展状况四个方面进行区域综合评价考核，进而从制度上推动政府在京津冀三地协同发展上的工作效率。

（三）建立起标准化管理及统一的信息平台

在具体的操作过程中，京津冀三地信息的顺利传递是社会保险协同发展中最为重要的制度保障。根据欧盟的经验，早在 2003 年欧盟在医疗保障领域就建立了横跨欧洲的网络，并且发放统一的健康保险卡,利用统一的 EHIC 表格追踪劳动人员的健康状况。

因此,京津冀三地需要尽快建立起高效统一的信息传递平台,借鉴欧盟的标准,建立起统一的社会保险信息录入标准,以便劳动者在变更工作地的时候,转入地和转出地都能够及时更新其社保信息,避免谎报社保信息以及冒领社保福利的现象发生。此外,在搭建起省内异地医疗保险结算系统的基础上引入京津冀三地的联合结算系统等,实现信息的互联互通,加强对异地就医结算的监督管理,同时也实现京津冀三地医疗资源的联通。在大数据日益发展的今天,利用高效的网络搭建起京津冀三地的服务平台对于提高效率和精确度是相当重要的。

参考文献

[1] 蔡社文.政府间社会保障事权和支出责任划分的理论和国际经验[J].税务研究,2008(8):25-27.

[2] 曹耳东,过剑飞,傅红岩.城市化进程中的城乡社会保障一体化——浦东新区案例[J].人口与经济,2005(1):58—62+57.

[3] 陈锋,李文中.社会保险关系转移衔接困难探析[J].开发研究,2008(5):133—136.

[4] 楚伯微.京津冀协同发展背景下的社会保障一体化研究[J].西部皮革,2016,38(8):76.

[5] 褚福灵.社会保险关系转续"一卡通"研究[J].北京劳动保障职业学院学报,2008(2):3—5.

[6] 褚福灵.职工基本养老保险关系转移现状的思考[J].社会保障研究,2013(1):3—5.

[7] 崔向华,王喆.探索体制机制创新 推进京津冀协同发展[J].中国经贸导刊,2014(34):19—23.

[8] 邸妍.以标准化促进社会保险公共服务均等化[J].天津社会保险，2013(2)：13—15.

[9] 董克用，王丹.欧盟社会保障制度国家间协调机制及其启示[J].经济社会体制比较，2008(4)：118—124.

[10] 杜乐其，钱宇弘.实现社会保障地方性立法由冲突到和谐的路径选择——基于长三角社保一体化实践的思考[J].理论导刊，2012(7)：102—104.

[11] 段美之.我国"养老保险关系转移"研究综述[J].经济论坛，2009(3)：6—7.

[12] 方强.养老保险关系转移难问题透析[J].地方财政研究，2006(2)：51—52.

[13] 冯洁.京津冀劳动力自由流动下失业保险制度协调研究[D].河北大学，2017.

[14] 关信平.论我国社会保障制度一体化建设的意义及相关政策[J].东岳论丛，2011，32(5)：5—12.

[15] 关信平，郑飞北.欧盟新成员国的养老保险改革与欧盟的"开放式协调"[J].欧洲研究，2006(1)：76—88＋157.

[16] 郭佶胤.欧盟流动劳动者社保权益协调机制研究及其经验借鉴[D].华东理工大学，2015.

[17] 郭欣.欧盟成员国社会保障协调问题研究[D].复旦大学，2008.

[18] 韩璐.京津冀医疗保险制度协同发展的研究[D].北京交通大学，2016.

[19] 何文炯.养老保险转移 平衡利益是关键[J].中国社会保障，2008(5)：13—15.

[20] 靳月.北京市基本医疗保险制度一体化研究[D].首都经济贸易大学，2017.

[21] 柯卉兵. 分裂与整合:社会保障地区差异与转移支付研究[M]. 北京:中国社会科学出版社,2010.

[22] 李超民. 印度社会保障制度[M]. 上海:上海人民出版社,2016.

[23] 李连芬. 我国基本养老保险全国统筹问题研究[M]. 北京:经济日报出版社,2015.

[24] 李晔. 我国城镇基本养老保险关系转移接续问题的研究[D]. 华东师范大学,2009.

[25] 梁晓萌. 京津冀协同发展背景下社会保障制度的共建共享研究[J]. 劳动保障世界,2019(14):27.

[26] 林俊荣. 全国统筹分县区类别保障:农民工养老保险关系转入障碍的消除——基于俱乐部经济理论的分析[J]. 市场与人口分析,2007(3):56—60.

[27] 鲁继通. 京津冀基本公共服务均等化:症结障碍与对策措施[J]. 地方财政研究,2015(9):70—75.

[28] 路爱国. 加拿大全民医疗体系的建立、运作和调整[J]. 经济研究参考,2007(45):43—59.

[29] 商黎,乔荃,谢淑娟. 构建基层社会保险服务标准体系 促进城乡社保基本公共服务均等化[J]. 中国标准化,2015(7):111—116.

[30] 孙淑云. 社会保障体系"分化"与"整合"的逻辑[J]. 理论探索,2015(1):74—79.

[31] 唐钧. 让农民工社保异地转移接续[J]. 瞭望,2007(36):64.

[32] 王晓东. 从"社会保障对接条例"到"开放性协调治理"——欧盟养老保险区域一体化经验及启示[J]. 现代经济探讨,2013(12):82—86.

[33] 王玥. 基于城乡迁移劳动力的养老保险制度对接研究[D]. 辽宁大学,2012.

[34] 魏丽莹. 京津冀协同发展政策的宏观经济效应考察[J]. 统计与决策, 2019,35(4):123—127.

[35] 文魁,祝尔娟. 京津冀发展报告(2015)[M]. 北京:社会科学文献出版社,2015.

[36] 徐耶加. 京津冀养老保险制度协同发展研究[D]. 北京交通大学,2019.

[37] 杨健. 为京津冀社会保障协作支招[J]. 天津社会保险,2017(2):21—22.

[38] 杨宜勇,谭永生. 全国统一社会保险关系接续研究[J]. 宏观经济研究,2008(4):11—13+20.

[39] 于洪. 加拿大社会保障制度[M]. 上海:上海人民出版社,2011.

[40] 张帆. 中国城镇基本养老保险关系转移接续问题研究[D]. 中国政法大学,2011.

[41] 张浩. 加拿大财政社会保障制度状况及启示[J]. 新疆农垦经济,2015(6):79—85.

[42] 张金峰. 京津冀职工基本养老保险制度对接策略研究[J]. 天津行政学院学报,2016,18(3):54—60.

[43] 张启春. 区域基本公共服务均等化的财政平衡机制——以加拿大的经验为视角[J]. 华中师范大学学报(人文社会科学版),2011,50(6):29—37.

[44] 郑功成. 尽快推进城镇职工基本养老保险全国统筹[J]. 经济纵横,2010(9):29—32.

[45] 周弘. 社会保障制度国际比较[M]. 北京:中国劳动社会保障出版社,2010.

[46] 朱南军. 京津冀基本公共服务均等化与社会保险[N]. 中国保险报,2019-07-30(007).

[47] Cremer's, J. Coordination of national social security in the EU: Rules applicable in multiple cross border situations[D]. (AIAS working paper; No. 10-89). Amsterdam: Amsterdam Institute for Advanced Labor Studies, University of Amsterdam, 2010.

[48] Fortezza, A. The portability of pension rights: General principles and the caribbean case[J]. Social Science Electronic Publishing, 2010, 28(2): 237-255.

[49] Laborde, Jean-Pierre. Social security and the European Union[J]. Managerial Law, 2005, 47(6):59-67.